THE TRIUMPH OF INJUSTICE

HOW THE RICH DODGE TAXES AND HOW TO MAKE THEM PAY

不公不義的勝利

如何扭轉貧富不均？
資本主義與租稅正義的民主激辯

EMMANUEL SAEZ & GABRIEL ZUCMAN

伊曼紐爾・賽斯、加柏列・祖克曼——著

陳儀——譯

CONTENTS

緒論

重塑財政民主

二〇一六年九月二十六日晚間，前國務卿希拉蕊・柯林頓（Hillary Clinton）和贏得共和黨黨內初選的知名實境秀主持人唐納・川普（Donald Trump），堂堂展開第一場總統大選辯論。希拉蕊旗開得勝，明顯占了上風。此時已是共和黨候選人的川普相當緊張，但又激進地不時打斷對手的論述。相較之下，準備充分的民主黨籍候選人希拉蕊則顯得氣定神閒，並獲得高度讚賞。不過，當場上的辯論突然轉向租稅議題時，情勢出現了微妙的轉變。

川普打破他自一九七〇年代初期以來拒絕公布所得稅申報資料的慣例，宣稱美國國稅局正在稽查他的稅務，藉此影射國稅局意圖妨礙選舉。希拉蕊一見機不可失，隨即引誘作為億萬富翁級房地產開發商的川普，談論他多年來繳的稅有多麼微不足道：「他唯一可查考的所得稅申報資料，就是他當年為了爭取賭場執照而申報的資料，而這些資料顯示他並沒有繳納任何聯邦所得稅。」川普驕傲地承認這個事實，說道：「這顯得我很聰明。」希拉蕊並未趁勢追擊。儘管她在辯論場上以冷靜客觀的姿態，精闢闡述她為這個國家設想的租稅法規矯正方案（這是她從技術官僚的角度審慎權衡後，精心打造的創新解決方案），但她最終並未爭取到一展抱負的機會。

＊＊＊

在政治上，「那顯得我很聰明」是一句狡猾但精明的台詞。美國最有錢的富豪之一主動公開承認他完全沒有繳稅一事固然荒唐至極，卻也增強了川普競選陣營的核心敘事：大權在握的華盛頓特區權勢集團已將整個國家搞得敗壞不堪。一如其他所有事物，租稅法規也遭到這個權勢集團以不正當手段操縱。從川普的回答隱約可看到雷根的影子——雷根曾將稅法比為「日常的攔路搶劫行徑」。川普和雷根雙雙認為，努力不懈追求私利的行為，有助於促進所有人的繁榮興盛。他們也都相信，資本主義能利用人類的貪婪，實現更大的福祉。而根據這個邏輯，租稅是一種障礙，規避租稅則是「為所當為」。

然而，那一句「那顯得我很聰明」，也暴露出這個意識形態的矛盾。努力不懈追求私利的行為，會摧毀信任與合作的規範，而信任與合作是支撐每一個繁榮社會的根本支柱。若沒有可讓川普的摩天大樓和世界上其他地方維持聯繫的基礎建設、沒有輸送那些大樓的廢棄物的下水道系統、沒有教導川普御用律師如何讀書識字的老師，且沒有幫助川普保持身體健康的醫師與公共研究（遑論保護他的財產的法律和法院），川普本人只會是一個無名小卒，不足以成就大事。「放任所有人為所欲為完全不加以約束」，絕對無法讓各地的社區繁榮興盛，事實正好相反，真正促成繁榮興盛的是合作與集體行動。而若沒有租稅，就不會有合作、不會有繁榮，不會有休戚與共的命運，甚至不會有一個需要總統的國家。

川普的大話透露出美國社會的敗壞風氣之一。當有錢人不貢獻國庫的行徑變得天經地義、當一個總統候選人堂而皇之地承認他不繳稅，而他的對手也未能對他的不繳稅提出明確的解決方案等，意味這個國家的租稅系統——所有民主社會的最重要機構——已經失靈。

我們寫這本書是期許能實現兩個目標：其一是了解美國究竟如何會陷入這一團糟的狀態；其二是幫助矯正這個亂象。

不公不義的勝利

川普候選人的坦白雖只被當成茶餘飯後的趣聞，那句台詞卻也代表著美國全新不公不義的證據之一。即使最富裕的美國人的所得因來自全球化的報酬大幅成長而暴增，即使他們的財富遽增到空前高的水準，他們的稅率卻反而下降。在此同時，勞動階級則面臨工資停滯、勞動條件急速惡化、債務節節高升，而租稅卻增加的窘境。一九八〇年起的租稅系統讓市場經濟的贏家變得更富裕，而只能透過經濟成長實現微薄報酬的人，則變得更加貧窮。

每一個民主國家都必須就政府的適當規模與理想的租稅累進性（progressivity）程度進行辯論。個人和國家有時難免受歷史與國際經驗、統計數據和抽象的推理等情報影響，改變原本對這些議題的觀點，這天經地義。不過，過去幾十年的租稅政策變化是那類明智辯論與商議的結果嗎？超級富豪租稅的迅速降低，是否符合整個美國社會的期待？

我們對此深感懷疑。過去幾十年的某些租稅變化是蓄意的選擇。不過，有更多變化是在被動的情況下發生，包括：避稅產業——這個產業協助隱匿所得與財富——的爆發性成長；跨國企業善加利用隨著全球化而產生的新漏洞來自肥；國際間的租稅競爭（tax competition，國與國之間為爭取稅收而展開的競爭）壓力促使各國爭相降低稅率，最終形成一個惡性循環。換言之，美國稅制的多數變化並不是導因於一般人突然普遍愛好豁免有錢人的稅賦，而是幾股主流動力共同作用下的結果，無奈選民在這當中並沒有使力的餘地。姑且不論減稅能否產生正面的經濟效應，過去幾十年間的種種劇變，大致上都不是導因於知識淵博的全體公民的理性商議與選擇。最重要的是，租稅不公不義的勝利是對民主的一種否定。

本書第一部分內容要先述說這個巨大轉變的由來。這個故事並不是要描述左派與右派之爭，也不是要解釋保守主義者（主張小政府）如何戰勝自由分子（主張分享財富）。這個故事旨在說明新政時期所建立的稅制如何一步步遭到敗壞。我們發現，在新政的稅制一步步遭到敗壞的過程中，每一個階段的發展型態都如出一轍。每一個階段的開始都是由一場突然爆發的避稅潮揭開序幕；接著是政策制訂者放任避稅情勢惡化，對看似戰無不克的對手——租稅庇護所（tax shelter，譯注：用以降低納稅金額的合法手段）、全球化、租稅天堂、金融不透明等——束手無策；最後，各國政府也都屈服於「無論如何都不可能課到最有錢的國民的稅」假象，一步步降低稅率。

為了了解這個不公不義的現象，並了解究竟是哪些選擇（與不選擇）導致不公不義獲得勝利，我們進行了非常深入的經濟研究。我們引用了一整個世紀的統計數據，從中估算自一九一三年以來，美國從一貧如洗的窮人到億萬富翁的每一個社會族群分別繳納了多少稅金。我們的數據序列包括民眾繳納給聯邦、州與地方政府的所有稅金：聯邦所得稅、當然還包括州所得稅、大量的銷售與貨物稅、企業所得稅、商用與住宅財產稅（property taxes）以及薪資稅（payroll tax）等。「家庭繳納的稅金」和「公司行號繳納的稅金」之間的差異沒有意義：因為追本溯源，所有稅金都是人類繳納的，而我們的研究將超過一個世紀的所有稅金，全部分派給每一個活著的人。

我們採用的研究方法是一個系統化的方法。川普總統或許吹噓他沒有繳很多稅，但其他有錢人也是如此嗎？川普只是個異數嗎？或者他是某個更廣泛現象的例子之一？個別的案例可能讓更多人體察到富人不繳稅的現象，但不管這些個案有多麼令人瞠目結舌，都無法讓我們了解整個社會的普遍狀況。為了研究稅制的變化及其寓意，我們根據一個首尾一貫的框架，有條不紊地將各種可用的證據結合在一起，這些證據包括：所得稅申報書表；租稅稽查結果；家庭調查數據；美國跨國企業透過境外子公司認列之盈餘的報告；總體經濟資產負債表，以及國民會計帳與國際帳。經濟統計數據絕對不完美，我們採用的統計數據也自有其極限（我們會在適當時機對此提出評論）。但整體而言，將這些數據結合在一起後，哪些選擇、法律和政策助長了租稅的不公不義，便漸漸變得一目了然。

這個包羅萬象的視角——多年來研究美國經濟的成果——讓我們得以全盤研究美國租稅系統的累進性的長期變化，到目前為止，沒有任何政府機關或研究機構有能力進行這樣的研究。這些數據首度揭露了近幾十年間租稅累進性變化的規模，包括川普就任總統一事的後續影響。

大致上的情況是這樣的：一九七〇年時，最有錢的美國人繳納的總稅額（包含所有租稅）是他們的所得的五〇%以上，這是勞動階級個別民眾同一比率的兩倍。但到二〇一八年的川普租稅改革後，億萬富翁的稅金支出（譯注：占其所得的比率）已低於鋼鐵工人、學校教師與退休老人，這是百年來首見。有錢人的租稅回落到一九一〇年代以後未曾見過的低點，而當年政府的規模只有目前的四分之一。這樣的變遷讓人感覺好像一整個世紀的財政歷史被一舉勾消。

全球租稅正義刻不容緩

我們述說的故事不僅和美國有關，更和全球化與民主政治的未來更根本相關。儘管大西洋此端的稅制變化非常極端，但租稅不公不義也非美國獨有的現象。多數國家的不平等程度都見惡化，租稅累進性則因避稅行為愈來愈猖狂與各國大肆競爭稅收等背景而降低，只是每一個國家在程度上有所不同罷了。相同的疑問在世界各地沸騰，而其急迫性也大致相同：如果我們的民選官員頒布的租稅規定持續促使少數特權人士的所得增加，那麼，還有誰願意繼續信任民主機構？如果全球化意味全球化的主要贏家負擔的租稅愈來愈低，被全球化淘汰的人則得背負愈來愈高的租稅，那還有誰會繼續支持全球化？這一切的一切刻不容緩：我們必須開創一些能幫助民主政治與國際開放度（international openness）繼續在二十一世紀蓬勃發展的全新財政機構，並打造一些新型態的國際合作方式。

幸好我們現在就能起而行，著手矯正租稅不公不義。全球化本身並不會破壞我們向大企業與有錢人課稅的能力，這個選擇權掌握在我們自己手中。我們可以放任跨國企業自行選擇在哪一個國家認列它們的盈餘，也可以由我們為它們選擇將盈餘認列在哪一個國家。我們可以容忍財務不透明和因財務不透明而衍生的無數租稅弊病，也可以選擇主動出擊，衡量、記錄有錢人的財富，並對這些財富課稅。我們可以縱容協助有錢人非法避稅的產業蓬勃發展，也可以選擇嚴格監理這個產業，從而根除非法避稅行為。全球化與累進稅制是可並存的。本書的第二部分內容將說明如何做到這一點。

很多左派與右派人士堅信，以當前的情況來說，對跨國企業課稅幾乎是不可能的任務。他們認為：若企圖對這些企業課稅，它們就會遷移到愛爾蘭、新加坡，未來甚至可能遷移到中國。企業的資本是無形的，可以在一剎那間搬遷到百慕達。其他國家的稅率很低嗎？那我們的稅率必須更低。其他國家放棄對跨國企業與高所得者課稅嗎？那我們也必須放棄這麼做。國與國之間的租稅協同根本就是空想，未來的唯一可能發展就是逐底競爭（race to the bottom，又稱向下競爭）。

不過，不管他們有多麼篤信上述種種觀念，不管有多少人共同懷抱這些信念，這些信念都是不正確的。與其忙著在一個人人為所欲為的巨大失控財政結構中打轉，不如協同各個國家的租稅政策，一如我們在其他國際關係上的成功經驗。放心，我們知道有某些國家和社群透過當前這種形式的全球化獲得極大的利益（但我們還是可能發展其他形式的全球化），所以我們將在接下來的篇幅，研究租稅競爭的算術（arithmetic），以及租稅競爭對少數人與國家的繁榮興盛的核心作用力。不過，我們也將討論，若很多國家能共同採取行動，就有機會終結這場不公不義的賽局。我們將討論，針對租稅天堂採取防禦對策是有可能的，當今這種租稅逐底競爭也有可能被逐頂競賽（race to the top）取代。

有些人認為外部或技術層面的限制，如國際競爭、避稅行為、租稅漏洞等導致「租稅正義」成為天馬行空的幻想，但這樣的觀點禁不起嚴格的審視。談到未來的稅制，一切都是可能的。從所得稅的消失（如果過去四十年的趨勢延續下去，這很有可能會成真），到前所未見的累進性水準，未來的可能性可說是無限多。

民主

應該對億萬富翁課徵多高的所得稅稅率？是像美國目前的二三％？還是一九七〇年前後的近五〇％？企業盈餘應該課多少稅？是像一九六〇年的五二％？還是二〇一八年稅改後的二一％？這些問題永遠也無法用數據或科學來解答，幸好也是如此！這些問題不是經濟學家的問題，而是全體民眾的問題，全體民眾應該透過民主商議與投票等程序來解決這個問題。不過，經濟學家能提供一點協助：經濟學家能收集並彙編可供民有、民治與民享的政府參酌的必要資訊；換言之，經濟學家能點出未來可能途徑的多元性，並詳細說明這些途徑與其寓意，像是不同租稅分配可能對每一個人產生怎樣的影響，以及我們當今所做的選擇將如何形塑不同社群未來的所得成長，從而協助全體民眾做出理想的選擇。

本書的第三部分就是要打造一個能收集與彙編那類資訊的新工具。無論政治色彩如何、隸屬什麼思想學派，懂多少經濟知識，政策制訂者、維權主義者（activists）以及全體民眾都能利用 Taxjusticenow.org 這個模擬網站，估計租稅政策變化對租稅分配、每一個社群的所得與財富，以及不平等的動態等的影響。任何人都能利用這個網站來評估當前租稅系統參數的微調或更大刀闊斧的改革，可能對社會造成怎樣的影響。將最高邊際稅率提高到七〇％（包含所有種類的稅），是否足以促使億萬富翁繳納比美國勞動階級更多的稅金到國庫？如果將企業稅稅率提高到三〇％，並針對超級富豪打造財富稅（wealth tax），結果又會是如何？屆時中產階級的稅率可降低多少？或是財政赤字可縮減多少？

這些疑問將持續在未來的政治辯論中扮演吃重的角色，不過，目前一般大眾並沒有方法可找到上述所有問題的精確答案。美國財政部、國會預算辦公室（Congressional Budget Office）和租稅政策中心（Tax Policy Center）與稅收與經濟政策研究中心（Institute on Taxation and Economic Policy）等智庫都有各自的租稅模擬器，不過，媒體記者、候選人和更廣泛的選民不得其門而入，無法使用這些工具。

在那樣的背景之下，多數和租稅有關的討論最終都流於隔靴搔癢。左派人士常斷言「頂層一%」的人擁有太多財富，故主張只要對這些富豪課較多稅，就能徵收到極可觀的總稅額。這是事實，但說法必須精準：我們預期可經由提高財富稅的方式徵收到多少稅金？那些稅收足夠為全民提供免費的大學教育與健康保險所需財源嗎？一直以來，很多溫和派人士總是感嘆現有的租稅漏洞造成各式各樣的問題；他們主張只要能堵住這些漏洞，就不需要進行變革。終結漏洞固然重要，但我們能確保納稅金額的分配將因此而產生實質的變化嗎？另外，右派的正統主義者則力陳，若總計所有租稅，可發現最高邊際稅率早已非常高，在這個情況下，若再增加額外的稅捐，將對經濟成長造成負面影響，甚至傷害經濟成長；他們主張，美國應取而代之地導入消費稅。這樣的建議沒有什麼不可以，但若徵收消費稅，租稅系統的累退性（regressive）難道不會變得比現在更嚴重嗎？

Taxjusticenow.org 網站根據一個新經濟方法，針對諸如此類的問題提供最實在的答案。我們的模擬器納入了各級政府的所有稅捐——不僅包含所得稅，也包含聯邦稅。這個網站讓人得以模擬許多根本的創新，例如導入累進財富稅或是更廣泛的租稅來籌集全民醫療照護所需財源等。不僅如此，現有的政策工具聚焦在租稅變革對政府稅收的影響，但我們的工具卻能說明租稅變革對幾乎總是被各方租稅政策辯論忽略的某個重要參數——即不平等——有何寓意。

翻開報章雜誌，經常能見到報導美國所得與財富集中度惡化的文章：頂層民眾的所得與財富遽增，而其他人的所得與財富卻緩慢成長。這是事實：頂層一%族群的所得約當美國國民所得的比重，已從一九八〇年的一〇%，上升到如今的大約二〇%。這個趨勢是否會延續？這個問題的答案，有極大成分取決於未來的政府將選擇執行什麼政策，尤其取決於未來哪一種租稅政策將成為主流。

若一切照舊，中期內，所得集中度可能會因滾雪球效應而持續上升：由於有錢人的所得用於儲蓄的比重高於其他所有民眾，所以他們將得以繼續累積更多財富，而更多的財富又會衍生額外的所得，就像滾雪球般。在二十世紀的多數時間，累進稅制——尤其是高資本（相對勞動力）稅稅率——原本已讓財富集中度急遽惡化的情況獲得控制。不過，二十世紀最後二十年間的租稅變革，卻摧毀了這個防護措施。

為了防止不平等的情事達到極端，我們必須打造一套適合二十一世紀的新租稅系統。我們將在本書稍後篇幅提出一組能實現這個轉型正義的務實原創提案——從對超級富豪實施的稅制，到向跨國企業課稅；從為醫療照護籌措財源，到重新塑造累進所得稅。我們的解決方案絕對不完美，也不會是唯一的可能答案。不過，這些解決方案精準（經過謹慎的計算，而且我們非常努力思考落實這些方案的方式）、透明（任何人都能模擬這些方案對租稅分配的影響，也能模擬出每一個社群的所得及財富因此而發生的動態變化），且有來自現代研究的證據與理論作後盾。

在政治上，這些以緩和不平等情事為訴求的概念是否務實？的確，政治圈的黑金與自私自利的意識形態，確實強大到令人不由得感到絕望。這是無可迴避的現實問題，也非常棘手，但我們絕對不該因此而絕望。因為早在不公不義取得勝利之前，美國曾是租稅正義的燈塔；當年美國的租稅系統堪稱全球所有民主國家當中最累進的租稅系統。一九三〇年代時，美國的政策制訂者針對最高所得者設計了最高九〇%的邊際所得稅稅率，並實施這樣的稅制達近半個世紀。當時企業盈餘也被課徵高達五〇%的稅率；高額遺產的稅率更接近八〇%。當年的美國利用這些租稅政策所衍生的稅收來興建學校，讓美國民眾變得更有生產力並蓬勃發展，同時迄今仍為世界各大學翹楚的美國公立大學提供財源。

誠如我們即將討論的，租稅史上曾發生許多次一百八十度大轉彎的變革。如果過去的歷史可作為殷鑑，那就代表當今只繳一丁點兒稅金的「聰明」億萬富翁騙得了我們一時，騙不了我們一世。

第一章

美國的所得與租稅

美國租稅系統的財富重分配能力有多高？某些觀察家認為，美國租稅的累進性無疑非常高，換言之，所得愈高，應納稅額約當所得的百分比就愈高。他們認為，歐洲國家則高度仰賴增值稅（value-added tax）——也就是對消費課稅，而因為有錢人的儲蓄較多，故消費稅不成正比地傷害到窮人。相較之下，美國並沒有增值稅：因此，根據以上論述，低所得者繳納的稅額想必相對微薄。根據這個觀點，聯邦政府並不會因為透過累進所得稅要求富人幫國家買單而感到良心不安。

但另一個陣營的很多人對美國租稅的累進性，則抱持不同的觀點，他們認為事實正好相反：有錢人透過稅法及其他合法特殊利益減免的大量漏洞，在幾乎完全不受罰的情況下擺脫了繳稅的義務。

究竟哪一派觀點是正確的？我們必須先搞清楚「哪些人真正繳了什麼稅？」等基本事實，才有辦法心平氣和地就這個議題展開政策辯論。遺憾的是，諸如國會預算辦公室——負責為國會提供預算與經濟議題相關的資訊——等政府機關，並未提供那個疑問的答案，至少沒有提供完整的答案。國會預算辦公室平日確實會發表和聯邦租稅的分配有關的資訊，但它不管州與地方租稅的狀況，問題是，州與地方政府租稅大約占美國人納稅總額的三分之一，且其累進程度遠比聯邦稅捐低。國會預算辦公室的統計數據也未提供和超級富豪有關的具體資訊，所以，我們根本無法分辨究竟唐納·川普只是一個例外，或者說他是更廣大的億萬富翁族群的縮影。

且讓我們試著撥開這一層迷霧。

美國人的平均所得

我們的研究調查是以一個簡單的疑問為起點：當今美國人

的平均所得是多少？要回答這個疑問，必須先導入一個將在本書扮演關鍵角色的概念：國民所得（national income）。就定義來說，國民所得是衡量特定國家的居民在某一特定年度內所積累的全部所得，無論這項所得在法律上屬於什麼形式，這是最廣義的所得。這個數字尤其大於所得稅申報書上所申報的所得，也大於家庭調查中所記錄的所得數字。舉個例子，國民所得包括大型企業的全部盈餘，不管這些盈餘是否分配給股東。對股東來說，未分配盈餘和股利一樣，都是某一種形式的所得，唯一的差異只在於這一筆所得（譯注：未分配盈餘）在被賺到的那一年被全部存了下來，並且再投資到公司。國民所得也包括各式各樣的附帶津貼，例如提撥到民間健康保險的補助款（即勞工透過雇主取得的補助款）。

國民所得和一般較耳熟能詳的「國內生產毛額」（gross domestic product，以下簡稱 GDP，媒體圈總是熱心且詳細審閱國民生產毛額資訊）密切相關。顧名思義，GDP 是衡量特定年度內生產的所有商品與勞務的價值。這個概念最初是在大蕭條後興起，並在一九五〇年代與一九六〇年代漸漸變得普及。在此之前，國民所得概念才是主流。然而，如今各國總統與學者在各種評論中提及經濟成長統計數字時，指的都是 GDP 的成長。以美國來說，二〇一九年每名成年人的人均 GDP 接近九萬美元。[1] 換言之，在二〇一九年，每一名美國成年人平均生產了價值九萬美元的商品與勞務。

要從 GDP 數字計算國民所得數字，必須進行兩項調整。首先必須扣除資本折舊——即用於生產活動的建築物、機器與設備的價值折損——資本折舊是 GDP 數據中不可或缺的要素（正因如此，GDP 才會稱為國內生產「毛額」）。折舊並非任何人的任何收入：企業在支付勞工工資、分配股利與投資新機器之前，一定要先更換破舊的設備及其他資本性資產。拖拉機會變老、會故障，窗戶也偶爾需要修復，凡此種種，不勝枚舉。折舊在國民會計帳（national accounts）中占有舉足輕重的地位，大約等於 GDP 的一六％。事實上，折舊金額甚至比國民會計帳金額大，因為生產活動的進行通常伴隨著天然資源的折耗和生態系統的退化。根據邏輯，這些形式的折舊理當自 GDP 中扣除，但目前我們並未這麼做，只不過，還是有某些人仍持續努力矯正經濟統計學的這個缺陷。[2]

要從 GDP 計算國民所得數字，第二項調整牽涉到加計美國自海外收到的所得，並扣除美國支付給其他國家的費用。一九五〇年代至一九六〇年代時，國際資本市場幾乎完全關閉，所以，上述的國際所得流量微乎其微。但如今，利息與股利的跨國支付金額已舉足輕重。美國以利息與股利形式支付給外國的金額，約占美國 GDP 的三・五%，而美國自其他國家收到的金額，則約當其 GDP 的五%。以淨額而言，美國的海外所得高於它對海外的支出。

扣除折舊並加計外國所得的淨流量後，美國二〇一九年的國民所得達到一八兆五千億美元，換算下來，二億四千五百萬名居住在美國的成年人（二十歲以上），每人的平均所得為七萬五千美元。不管你是從扣除租稅和政府移轉（government transfers）——例如社會安全津貼與以公共資金支應的醫療照護支出——前的角度，或是從稅後與扣除移轉後的角度來看，這個數字都是七萬五千美元。因為不管政府徵收多少稅金，它最終都會將這些稅金重分配給民眾，有時是以現金的形式（例如社會安全津貼）與實物的形式（例如為民眾支付醫療照護費用）進行，有時則是以支付警官、軍官和其他公務人員工資等形式，達到財富重分配的目的。幸好政府並沒有摧毀任何所得。當然，就那個角度來說，政府也沒有創造任何所得。

美國各階級的平均所得

多數美國人的所得低於七萬五千美元；有些人的薪資則高於這個數字。要更詳細研究所得分配，先將人口區分成四個族群會比較有幫助：勞動階級（位於所得分配下半部的人），中產階級（接下來四〇％），上層中產階級（upper middle class，接下來九％），以及富人（頂層一％）。這些族群本來就沒有同質性可言，但光是這麼簡單的分類，就已暴露出不同階級之間的顯著不平等。

且讓我們先從勞動階級談起——勞動階級是位於所得金字塔下半部的一億兩千兩百萬名成年人。二〇一九年，勞動階級的平均稅前與轉移前所得為一萬八千五百美元。你沒看錯，美國有一半成年人口仰賴一年一萬八千五百美元的所得過活。請想想你在扣除任何所得稅之前的薪資毛額——我們相信很多讀者一定馬上就能體會他們自己和另一半美國同胞之間的鴻溝有多大。市場一年只能為那一億兩千兩百萬名成年人帶來每人一萬八千五百美元的總所得，這個金額大約是全體民眾的平均所得——七萬五千美元——的四分之一。這個數字已堪稱最完整的估計值；它是從最廣泛的所得衡量指標——國民所得——計算而來：將國民所得除以全體成年人口，沒有扣除任何項目。舉個例子，這一萬八千五百美元當中，包含勞工直接上繳給政府的金額（其中一個例子是：以薪資稅的型式支付的金額）或勞工的雇主支付給民間保險公司的金額。

所得金字塔上略高勞動階級一層的後續四〇％（「中產階級」）成年人的稅前與移轉前平均所得為七萬五千美元，正好等於全體民眾的平均所得。這個族群是由幾近一億名成年人組成，就那個意義而言，這個族群可視為整個美國的代表。雖然我們不時聽到和美國中產階級趨於凋零有關的世界末日故事，但實際上的情況比那些故事所描述的更加微妙。雖說美國中產階級的平均所得僅七萬五千美元，但這個族群依舊是世界上最富足的族群之一。此外，自一九八〇年起，中產階級的所得每年成長一・一％，雖然並不特別引人注目，卻也絕非微不足道。若能維持一・一％的年成長速率，所得每七十年就會成長一倍：目前較年輕世代的所得是祖父母輩的兩倍。所以，美國經濟最引人關注的事實並非「中產階級正在消失」，而是「勞動階級的所得低得可憐」。

至於所得高於中產階級的那些人呢？在觀察所得金字塔頂

端的狀況時，必須將上層中產階級（不含頂層一％民眾的頂層一〇％民眾）和富人（頂層一％）分開來看，這非常重要。上層中產階級（大約是兩千兩百萬名成年人）當然一點也不需要外界的同情。以高達二十二萬美元的平均所得與隨著這些所得而來的一切——寬敞的郊區別墅、子女就讀的昂貴私立學校、財源充足的退休金以及優質的健康保險——來說，這個族群的日子過得一點也不艱難。不過若以一整個族群的普遍狀況來說，這個族群和頂層一％的民眾（兩百四十萬名最有錢的美國人）並沒有太多共同點，因為那些富人的平均年所得高達一百五十萬美元。

頂層一％與底層五〇％

從「我們隸屬百分之九十九」（We are the 99%）口號問世以來，大眾已熟知富人和社會上其他人之間的財富鴻溝有多大。不過，這個概念值得一提再提，因為它反映出美國經濟體系最根本的真相之一：過去幾十年間，所得分配最頂層民眾的所得暴增，而其他人口的所得則未增加。某些人認為美國的成功專業人士（例如頂層二〇％）的經濟狀況遙遙領先其他所有

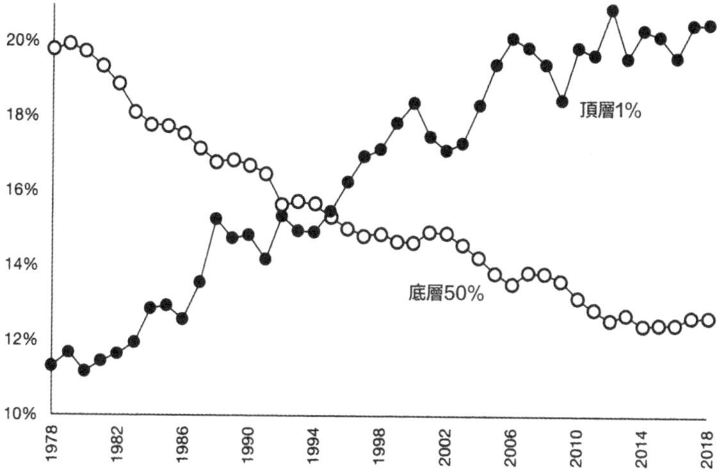

【圖 1.1】美國的不平等情勢惡化，一九七八年至二〇一八年
（頂層一%民眾所得相對底層五〇%民眾所得約當國民所得的百分比）

附注：本圖描繪了一九七八年以來底層五〇%與頂層一%所得者之所得約當稅前國民所得的百分比。單位是個別成人，已婚夫婦的所得採平均分配。本圖顯示，頂層一%民眾所得約當國民所得的百分比，從一九八〇年的約莫一〇%成長幾乎一倍，達到當今的大約二〇%。相反的，底層五〇%民眾所得約當國民所得的百分比，則從一九八〇年的約莫二〇%，大幅降低到如今的一二%左右。完整細節請詳taxjusticenow.org。

國人。[3] 但數據告訴我們，目前美國社會的主要斷層線，其實是落在金字塔的較高位置：這條斷層線是分隔頂層一%民眾和其他所有人的那條界線。

以下所闡述的數據，或許最能簡潔概述美國經濟這項質變。一九八〇年時，頂層一%民眾扣除政府租稅與移轉前的所得，約當全國所得的比重大約略高於一〇%，而底層五〇%民眾的所得約當全國所得的比重大約是二〇%。但如今的情況正好相反：頂層一%民眾所得約當國民所得的比重已超過二〇%，而勞動階級所得的這個比重降到只剩一二%。換言之，頂層一%民眾的所得幾乎是全體勞動階級民眾所得的兩倍，而後者的總人數大約是前者的五十倍！也就是說，這二百四十萬名成年富人在這段時間多分到的國民所得大餅，和超過一億名美國人折損的國民所得大餅相近。

在先進經濟體當中，美國在財富分配的變化上可謂獨樹一格，它見證了財富的劇烈變化。毋庸置疑的，所得不平等情勢的惡化是一個全球現象，不過，過去四十年間，所得集中的速度則因國家而有極大的不同。舉個例子，且讓我們比較美國和西歐的情況。一九八〇年時，大西洋兩岸頂層一%民眾的所得約當國民所得的比重大致相同，都大約是一〇%。然而接下來幾十年間，不平等情勢的變化看起來差異甚大。在西歐，頂層一%民眾的所得約當國民所得的比重上升了兩個百分點（相較之下，美國的這個比重上升了十個百分點），達到當今的一二%。底層五〇%歐洲民眾所得約當國民所得的比重，則降低了兩個百分點，從二四%降到二二%。[4] 觀察更廣泛的狀況，世界上沒有任何一個高所得國家的不平等情勢惡化程度跟得上美國。

人人都有繳稅

現在我們已經相當清楚美國的所得分配狀況，所以，接下來便能將焦點轉向租稅。二〇一九年，美國居民繳納給地方、州及聯邦政府的租稅總額，略高於國民所得的二八％，這相當於每名成人平均繳納了大約二萬美元的稅金。當然，其中某些人的納稅金額超過二萬美元，某些人則低於二萬美元。不過，沒有人完全未繳稅。一般認為某些人可能一毛稅金也沒繳過，但「四七％人口對公庫毫無貢獻」的見解其實一點道理也沒有（總統候選人米特．羅姆尼〔Mitt Romney〕在二〇一二年嚴厲指責這些人是「伸手牌」〔takers〕）。作為一個國家，美國已選擇透過各種形式的政府，將接近三分之一的國家資源集合在一起。每一名成年人都對這個集合資源有所貢獻。羅姆尼所謂的公庫其實只是指聯邦所得稅，不過，談到「實際納稅者」，還有其他很多稅必須列入考量。

廣義來說，美國的租稅——一如多數其他已開發國家——可分成四大類：個人所得稅、薪資稅、資本稅，以及消費稅。其中每一種租稅都各有著輝煌的歷史，也各自發揮著不同的經濟作用力。

聯邦個人所得稅是在一九一三年創立，是美國最家喻戶曉且最大宗的租稅項目，這個項目的稅收大約占總稅收的三分之一（總稅收大約是國民所得的二八％，而聯邦個人所得稅占了其中九個百分點）。雖然聯邦所得稅理當對所有所得課徵——不管所得是來自勞動力（工資）或來自持有資本（利息、股利、資本利得等）——但實際上被課徵這項租稅的所得，卻比國民所得總額低。「逃稅」是造成這個缺口的因素之一：由於統計學家試圖約略估計美國的實際所得金額，所以在計算國民所得估計值時，也將納稅人向稅務機關隱匿的總和估計值（根據國稅局採行的隨機稅務稽查資料）納入計算。不過，應稅所得金額低於國民所得的主要原因，是很多型式的所得——尤其是資本所得（capital income）——是合法免稅的項目。

其他免稅的項目還包括退休帳戶的股利和利息收入、未分配的企業盈餘，與透過雇主支付的健康保險保費，另外，屋主支付給自己的隱含租金一樣也免稅。當今必須課徵個人所得稅的所得（尚未扣除任何項目的毛額）僅大約美國國民所得的六三％，其他三七％的國民所得，大半都合法免稅。儘管多數左派與右派政治人物大致上都堅持最好是擴大稅基——也就是盡可能擴大應稅的金額——但過去幾十年，個人所得稅的稅基實際上不升反降：一九八〇年時，有七一％的國民所得被納入應稅所得，比目前更高。儘管「擴大稅基」的呼聲不斷，但被美國政府納入應稅範圍的所得相當於國民所得的占比卻日益縮減。

到二〇一九年，針對這個稅基實施的稅率，介於一萬兩千兩百美元以下的〇％，至五十一萬三百三十美元（已婚夫妻為六十一萬兩千三百五十美元）以上的三七％。這樣的設計使聯邦所得稅成為一種累進稅。累進稅的相反就是累退稅——即所得愈高，稅率愈低。（介於累進與累退稅之間的是單一稅〔flat tax，亦稱平頭稅〕，也就是每個人無論所得高低，都繳納同一稅率的稅。）儘管聯邦所得稅是累進稅，但目前的所得稅累進性遠低於過往。從聯邦所得稅自一九一三年創設以來，最高邊際稅率（也就是針對落在最高所得稅級距的所得金額課徵的稅率，二〇一九年的最高所得稅級距為五十一萬三百美元）平均為五七％，較目前的最高稅率三七％高二十個百分點。

除了聯邦所得稅——阿拉斯加、佛羅里達州、內華達州、南達柯塔州、德州、華盛頓州與懷俄明州七個州以外的其他所有州也課徵本州的所得稅。各州對應稅所得的定義通常也和聯邦政府相同；不過，它們使用自訂的稅率級距，以加州來說，最高邊際稅率為一三％。有幾個城市（包括紐約市）也課徵本市的所得稅。合計這些州和地方政府課徵的所得稅，相當於國民所得的二・五％，所以，個人所得稅稅收總共相當於美國國民所得的一一・五％。誠如我們所見，以對應的稅基大約等於國民所得的六三％來計算，美國的平均稅率大約略高於一八％（即一一・五％除以六三％）。

第二大稅收來源是社會安全薪資稅（約當國民所得的八％）。這些稅收是針對勞動薪資所得課徵，且是直接自工資所得者領取的勞動薪資裡扣除——起徵點為勞工領取的第一美元工資——稅率為一二・四％。二〇一九年，這項薪資稅的上限是十三萬兩千九百美元，這個數字大約相當於躋身頂層五％薪資所得者門檻的所得金額。超過這個上限的所有薪資所得都無須課徵薪資稅，這使得社會安全稅成為一種高度累退的租稅。另外，政府也為了支應聯邦醫療保險（Medicare）——政府為年老國民提供的健康保險計畫——所需的資金，而對所有薪資所得課徵一項分離稅，稅率為二．九%。這些薪資稅（五十年前還很低）的合計金額，已幾乎和聯邦所得稅一樣高。誠如我們將討論的，這項發展是導致美國租稅系統的累進性日益降低的重要因素。

第三大稅收來源是消費稅：也就是各州與地方政府徵收的銷售稅，以及聯邦及聯邦政府下級機關所徵收的貨物稅（針對汽油、柴油燃料、酒精與菸草等課徵）。牌照稅（例如汽車牌照與天然資源開採捐）也屬於這一類，貿易關稅也是——關稅其實就是對進口商品課徵的銷售稅。每名成年人平均合計繳納三千五百美元的消費稅。這相當於對個人的消費支出課徵六%的稅。銷售稅約占其中一半，另一半則是貨物稅和牌照稅。儘管在川普總統執政後，進口關稅大幅增加，但這項稅收的總金額還是非常低，以二〇一九年來說，大約僅占總消費稅的十分之一。[5]

最後一項——也是金額最小的——稅收來源是資本稅。我們將企業所得稅、住宅與商用不動產財產稅以及遺產稅納入這個類別。其中有些是針對資本所得流量課稅（企業所得稅，針對企業的盈餘課稅）；其他則是針對資本型資產課稅（有些是每年課一次，如財產稅，有些則是在死亡或贈與的時候課徵，例如遺贈稅）。資本稅合計約當國民所得的比重略高於四％。由於美國的資本所得流量總額大約等於國民所得的三〇％，所以，根據資本稅約當資本所得的比率計算出來的稅率，平均大約是一三％（即四％除以三〇％）。

只有人類才納稅

所有種類的租稅都是民眾——人類——所繳納。如果「大型企業」或「機器人」也能為我們繳稅，那將會非常棒，不過，那是不可能的事。一如所有國民所得最終都歸屬於作為血肉之軀的個人，所有租稅最終也是由活生生的人類承擔。舉個例子，企業的未分配盈餘是股東所得的一部分（企業存下來並隨即用於再投資的所得），相同的，企業稅也等同股東繳納的稅金，因為這些稅金會導致企業的盈餘降低，並進而使股東可分到的股利或可用於再投資的盈餘減少。

雖然只有人類才納稅，某些納稅人可能是住在其他國家。因此，一個國家有可能敦促外國繳稅，或至少試著敦促他們繳稅。然而，除了某些非常特有的情況——例如小型產油國——沒有任何國家曾成功促使外國人繳納很多稅（就全國總稅收的占比而言）。以美國的例子來說，某些財產稅與企業所得稅是外國人所貢獻；例如在洛杉磯擁有房地產的中國居民，就必須繳納財產稅給加州。相似的，美國企業共有近二〇％的股權掌握在外國人手中，[6]所以，某種程度上，美國企業所得稅也是對外國持股人課徵的一種租稅。不過，非美國人繳納的美國租稅總額非常低，大約僅占國民所得的一％。而且，有來就有往：持有英國與西班牙等外國企業股份及房地產的美國人，也必須繳納外國的企業稅與財產稅——總金額正好大約等於外國人繳納給美國的金額。所以最終來說，美國政府徵收到的稅金，大約等於國民所得的二八％，換言之，美國人將二八％的所得用於繳稅。

要釐清不同個人的繳稅金額分配狀況——也就是哪些社會族群繳納了哪些稅——就必須進行詳細的偵查工作。在一九七〇年代至一九八〇年代間，布魯金斯學會（Brookings Institution）的約瑟夫·佩奇曼（ Joseph Pechman）率先針對美國所有租稅的分配提出了估計值，不過，很怪異的是，事後竟沒有人試圖仿效他，所以，目前可取得的最後一批估計值是一九八五年的數據，當時美國的不平等情勢遠比目前輕微，稅收結構也和現在大不相同。[7]

要釐清誰繳了哪些稅，最主要的障礙之一是，儘管最終來說只有人類才繳稅，但經由法律途徑匯款給國稅局的實體，並不盡然是實際上繳稅的那個人。舉個例子，聯邦薪資稅的一半匯款來自雇主，一半匯款來自員工。不過，區分匯款來源毫無意義可言，因為到頭來，所有薪資稅都是隨著勞工的勞動力所得而來。這些稅捐是基於行政管理上的需要才區分成兩部分：一部分是雇主的匯款，另一部分是員工的匯款。這只是一種合法的虛擬操作，沒有任何經濟上的寓意。大致上來說，針對勞動力課徵的租稅（例如薪資稅）是由勞工繳納，針對資本課徵的租稅（例如企業稅與財產稅）是由對應的資本性資產的所有權人繳納，而針對消費課徵的租稅則是消費者所繳納。理解這個道理後，就概念而言，要釐清實際上哪些租稅是哪些人所繳納就非常簡單了，只不過必須整理非常大量的資訊罷了。

釐清政府稅收來源（即誰是納稅人）是一回事，但要釐清若未來特定租稅降低或提高，經濟狀況會有何變化，又是另一回事——這就是經濟學家所謂的「租稅歸宿」（tax incidence），這是一個相當令人感到混淆的概念。舉個例子，降低企業稅的稅率將會產生什麼結果？原則上，很多事會因此改變：企業可能因此以提高股利發放金額或庫藏股買回等作為，提高股東的所得；企業也可能因此提高員工的工資；另外，企業有可能降低自家產品的售價；也可能增加對工廠或研發項目的投資。

我們將在本書稍後有關潛在改革作為的篇幅中討論租稅歸宿。在此同時，我們必須切記，判斷誰繳了哪些現有的租稅，和想像如果這些租稅改變後，這個世界將出現什麼發展，是截然不同的兩個課題。如果明天企業稅稅率降低，不管企業會做出什麼回應，今天的企業稅都是股東所繳納，這是不變的事實。[8]

美國的租稅系統

現在我們終於可以試著回答以下關鍵疑問：一旦將所有租稅和構成國民所得的各種型態所得列入計算，美國政府向富人徵收的稅金，真的比向窮人徵收的稅金多嗎？

為解答這個疑問，我們計算了二〇一八年（即川普總統稅改後一年），各所得分配族群的有效稅率出現了什麼差異。我們將所有人口分成十五個族群：底層一〇％（也就是稅前所得最低的兩千四百萬名成年人）、接下來一〇％等……依此類推，而到頂層一〇％部分，我們又將之拆分為愈來愈小的族群，最後一個族群是四百位最富有的美國人（聚焦在金字塔頂端的做法是必要的，因為雖然富人人數很少，他們的所得占總所得的比重卻很高，所以較可能分攤較高比重的潛在稅收）。我們計算了每一個族群所繳納的租稅金額，並將那個數字除以每一個族群的稅前所得。[9]就結構而言，所有族群總計共將二八％的所得用於繳稅，這就是美國二〇一八年的總體經濟課稅率。較有趣的疑問是：各個所得分配族群的有效稅率各是多少？舉個例子，超級富豪的貢獻（相對他們的繳稅能力）是否高於只領最低工資的勞工？

答案非常簡單：「否。」目前每一個社會族群繳納給國庫的金額，介於其所得的二五至三〇％，只有超級富豪例外，超級富豪繳納的稅額相當於其所得的比率還不到二〇％。美國的租

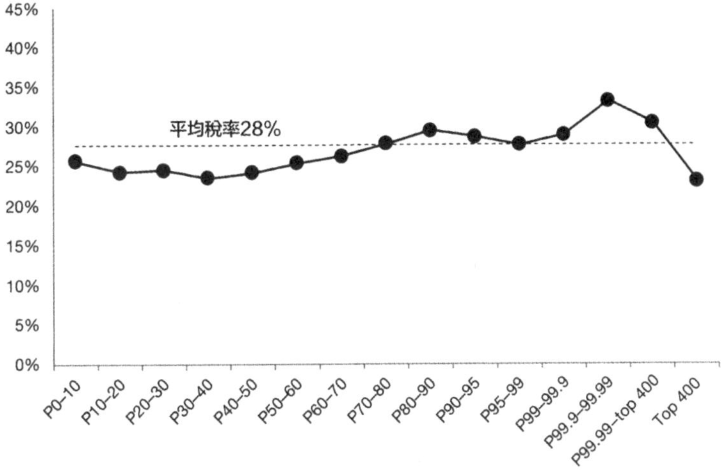

【圖 1.2】美國租稅系統：巨大的單一稅，頂層所得族群變得累退
（二〇一八年，各所得族群之平均稅率）

附注：本圖表描繪了二〇一八年各所得族群的平均稅率。包含所有聯邦、州與地方稅。各項租稅是以稅前所得的百分比來表達。P0-10 代表所得分配底層一〇％的族群，P10-20 代表次一個所得分配族群等，依此類推。若加計全部的租稅，美國的租稅系統看起來就像一個巨大的單一稅系統，各個所得族群的稅率都很相似，但最頂層族群的稅率較低。完整細節請詳 taxjusticenow.org。

稅體系可說是一個巨大的單一稅體系，但頂層所得者例外，他們享受了累退稅。所以，認定「儘管美國的稅收金額或許比不上歐洲國家，但它至少採累進租稅系統」的觀點是錯誤的。

更精確來說，勞動階級——所得分配底層的五個十分位，平均年收入為一萬八千五百美元——的所得，有二五％用於繳稅。中產階級——接下來的四個十分位——的這項比率略微上升，而這項比率在上層中產階級位置趨穩，為二八％。接下來，富人階層的租稅稍微上升，但鮮少顯著高於二八％的平均稅率。到最後一個族群——也就是四百名最富有的美國人——稅率反而降至二三％。雖然每個超級富豪的納稅狀況不全然相同，但若將之視為一個族群，川普、佐克伯和巴菲特等富豪家族實際上繳納的稅率，終究低於教師和祕書層級的人。一個許多人眼中的累進租稅系統，實際上的累退性怎會那麼高？

為何窮人多繳稅？

且讓我們從所得階梯的底部開始說起。導致美國最不富足的人承擔沉重租稅負擔的元兇有兩個。

第一個是薪資稅。底層幾個十分位的每一名勞工領工資時（無論他的工資有多低），他們的工資馬上就會減少一五・三％：一二・四％是繳納社會安全捐，二・一％是繳納聯邦醫療保險的保費。在此同時，最低工資則是劇烈降低（譯注：相對平均國民所得而言）。二〇一九年，全職雇用型勞工的聯邦最低工資大約只有每年一萬五千美元，是每名成年人平均國民所得的五分之一左右。相較之下，一九五〇年時，最低工資型勞工的所得還相當於平均國民所得的一半以上。[10] 除了稅前所得劇烈降低，最低工資型勞工的薪資稅也見上升，從一九五〇年的約當所得的三％，上升到目前的一五％以上。

其他國家的發展途徑則完全相反：其他國家提高最低工資，並降低工資分配底層民眾的薪資稅。以法國來說，最低工資的成長速度超過通貨膨脹，達到二〇一九年的十歐元，約當一一・五美元（相較之下，美國的最低工資是七・二五美元）。在此同時，法國最低工資型勞工的薪資稅——用來作為廣泛福利國所需的財源，包括全民健保——從一九九〇年代的五〇％以上，降至如今的二〇％以下。[11]

第二個導致勞動階級美國人稅率偏高的主要元兇是消費稅。美國或許沒有實施增值稅，但徵收各式各樣的銷售稅和貨物稅，而這類租稅和增值稅一樣，都會導致物價上漲。而且美國還存在一個扭曲的現象：美國免除多數勞務的稅捐，這和一般增值稅相反，而有錢人對勞務的消費金額占其總支出的百分比較高。這個扭曲的現象代表窮人的消費（商品）被課稅，但有錢人的消費（勞務）多半免稅。美國或許沒有課徵增值稅，結果卻等同於課徵窮人的增值稅。

你很喜歡去聽歌劇嗎？這項娛樂不會被收取銷售稅。你擁有某鄉村俱樂部的會員資格嗎？你的會費不會被課徵消費稅。你需要一個律師嗎？律師費不會被課徵消費稅。但如果你開車、穿衣服或購買家電用品，一定會被課徵消費稅。儘管多數州都已降低雜項購置——約占最貧窮民眾消費金額的一五%——的消費稅，但這項慷慨之舉，多半被燃料、酒精與菸草等貨物稅極端累退的特質抵銷。貨物稅——和銷售稅相反——並非取決於產品售價，而完全只取決於消費的數量（幾公升的葡萄酒或幾盎司的啤酒）。因此，高級葡萄酒和啤酒被課徵的稅金相較於其價格而言，反而比一般的飲料低。

根據可取得的最精準估計值，若合計銷售稅與貨物稅，美國租稅的累退性極端高。這兩種租稅約占用了底層幾個十分位的所得的一〇%以上，但僅占頂層族群所得的一%或二%。[12] 累退性如此高的主要原因是，窮人的全部所得幾乎都用於消費，而富人則有能力將部分所得存下來（超級富豪更能存下幾乎全部所得：你能想像一年要怎麼花掉十億美元嗎？）；不過，勞務的免稅也是造成租稅累退性如此高的主要原因之一。批評

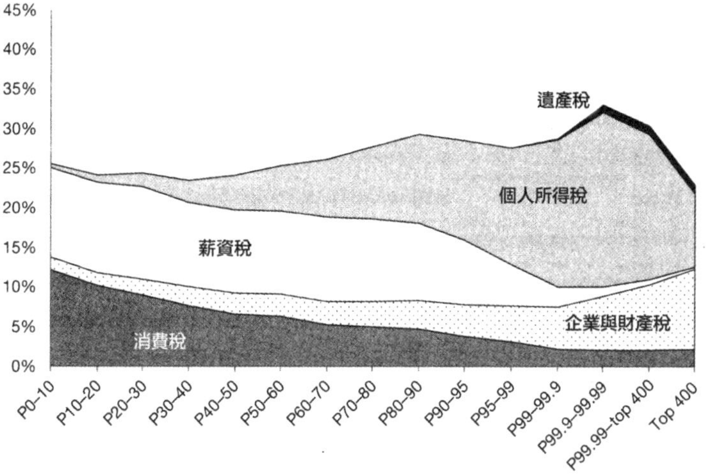

【圖 1.3】美國的單一稅：由各類租稅組成
（二〇一八年各所得族群之平均稅率）

附注：本圖描繪了各所得族群的平均稅率，以及二〇一八年租稅的組成結構。包含所有聯邦、州與地方租稅。稅率是以稅前所得的百分比來表達。消費稅與薪資稅屬累退稅，故勞動階級繳納的稅率幾乎和中產階級與有錢人一樣高。超級富豪的稅率甚至比其他族群低，因為他們的多數所得不會被課稅。完整細節請詳：taxjusticenow.org。

歐洲式增值稅的保守派評論家爭辯，若美國也實施那種租稅，這項租稅將成為一部無可控制的金錢機器，將美國轉化為一個「社會主義」國家。不過，他們不喜歡增值稅的理由還有一個，只是這個理由比較不那麼廣為人知：美國當前實施的古老消費稅不會衝擊到有錢人的荷包，但增值稅會。

雖然銷售稅是地方稅——非聯邦稅——但窮人並沒有租稅

天堂可逃：窮人的負擔並不會因為身處不同的州而有明顯的變化。的確，有些州的消費稅較低或是雜貨的減稅幅度較大，但整體而言，絕大多數州都是採用極高累退性的租稅系統。事實上，聯邦政府下級機關課徵的稅賦通常屬於累退稅。在聯邦層級實施累進稅遠比在其他層級容易很多，除了實務上的理由（聯邦機關能取得較多資訊與資源），也因為租稅競爭（有錢人能較輕易從某一州搬到另一州，但從某一國搬遷到另一國的考量就複雜許多）。在分析租稅負擔的分配時，忽略州與地方稅，可能會歸納出誤導性的結論，可惜多數評論家常犯這樣的毛病。

為何富人少繳稅？

打從一開始，設置累進稅的核心宗旨就是為了抵銷消費稅的累退性，從而讓社會上的每個人心甘情願被課稅。以美國來說（我們將在下一章討論），當局在一九一三年開始實施聯邦所得稅時所持的第一個正當理由，就是要抵銷關稅造成的累退影響，在當時，關稅是唯一的聯邦稅收來源。另一個正當理由是為了要抑制鍍金年代（Gilded Age）急速惡化的不平等。

遺憾的是，目前的所得稅大致上並未能實現這些目標，關鍵原因有三個：

第一個問題是，多數億萬富翁的所得不會被課徵個人所得稅，這也是億萬富翁稅率偏低的最根本理由。誠如我們討論過的，只有六三％的國民所得被納入所得稅稅基，其他很多形式的所得是合法免稅的。有非常高百分比的納稅人受惠於這些免稅項目，但真正有錢的人受益更多。很多富人的所得幾乎全部免稅。想想看：馬克・佐克伯的真實經濟所得是多少？他持有臉書（Facebook）二〇％的股權，而該公司二〇一八年的盈餘高達兩百億美元。所以，他那一年的所得是兩百億美元的二〇％，也就是四十億美元。然而，臉書並沒有發放任何股利，所以，佐克伯的四十億所得完全不會被課徵個人所得稅。目前佐克伯的有效個人所得稅稅率近乎〇％，很多其他億萬富翁也一樣，而且，只要他沒有賣掉臉書的股份，他的稅率會繼續維持在近乎〇％的水準。

佐克伯繳納的唯一高額稅金就是臉書的企業稅——即依他個人持股比例計算的企業稅。不過，談到這裡就碰觸到第二個問題：目前企業稅已幾乎消失。臉書從來都不是誠懇納稅的資優生：多年來它將盈餘轉移到開曼群島（Cayman Islands），藉此非法規避了數十億美元的企業稅，而且，誠如我們即將在第四章更詳細討論的，臉書絕對不是唯一從事這種手法的跨國企業。除了上述避稅行徑，美國還在二〇一八年將企業稅稅率從三五％降至二一％。這項政策的後果是，二〇一八年的聯邦企業稅稅收較二〇一七年減少接近一半。[13] 我們稍後將回頭詳述這個發展，但這個發展的最直接寓意非常值得在此加以記錄：低企業稅意味著，所得多半來自持有股份有限公司股票的超級富豪，現在真的幾乎有辦法徹底逃避所有租稅，而且不會因此受罰。

有錢人繳稅金額偏低的第三個原因和聯邦個人所得稅近年的改革有關。聯邦所得稅在短短二十年不到的時間內，從一種綜合所得稅——公平向勞動力與資本課稅——變形為一種明顯嘉惠資本但不利於勞動力的租稅。從二〇〇三年開始，股利的最高稅率便降到二〇％。這項變革意味即使像微軟（Microsoft）那樣的大型企業發放股利，它們的股東（諸如比爾．蓋茲）最多只需要就他們收到的股利繳納二〇％的稅金。從二〇一八年起，執行業務所得（business income）也可享受二〇％的扣除額（適用醫師、律師、顧問、創投資本家等），所以，執行業務所得的最高邊際稅率僅二九・六％，而非工資的三七％。這是川普稅改方案所導入的主要變革之一，也是這項稅改方案最具爭議性的層面之一（事實上，所有經濟學家似乎都反對這項變革，而所有經濟學家一個鼻孔出氣的情況相當罕見）。自雇型執業者的扣除額有上限（像是獨立作業的成功顧問人士），但雇用很多員工或擁有足夠大資本存量的公司行號的扣除額則不受限（例如在紐約市擁有摩天大樓並從事大樓出租業務的某個人）。[14]

唯一未受惠於任何免稅、扣除額、稅率降低或其他任何好處的所得種類是工資。因此無論所得高低，工資所得者的租稅負擔比透過財產獲取所得的人更重。更廣義來說，即使兩個人的所得一模一樣，他們的租稅負擔差異也可能非常大，一切取決於所得的法定分類（通常很武斷）。過去二十年的租稅變革完全不符合租稅正義的核心原則，所謂租稅正義是指所得相同的人必須繳納相同金額的租稅，而現在租稅正義早已絕跡。

敗壞美國課稅體制的因素固然複雜，但說穿了其實很單純：各類資本所得漸漸趨向於免稅，只是程度不一而已。各種資本所得並不是依循一模一樣的流程漸漸趨向於免稅：有些資本稅消失的速度比較快，有些則消失得比較慢；大型跨國企業盈餘的租稅負擔比國內企業低；另外，股利的租稅負擔比利息收入低。因此，有錢人受益於資本稅趨近於零的程度也有差異，而這些差異取於他們的財富的本質。超級富豪的所得多半來自持有大型企業的股份，所以，截至目前為止，他們是最主要的贏家。

財閥統治

如果美國的租稅系統是一個巨大的單一稅系統，但特別嘉惠超級富豪，這個現象真的有問題嗎？我們為何應該關切這個現象？有幾個方式可回答這個疑問。

且讓我們先聲明，我們並沒有誇大相關的數字，事實正好相反。我們主張美國的稅制已變成對頂層所得族群累退的稅制，但我們針對有錢人租稅累退性所做的估計其實算是相當保守的估計。在設算每一家企業的租稅時，我們是採用相同的有效企業稅稅率來估算，不過，事實上富人控制的企業極可能規避較多租稅，例如將較高比重的盈餘轉移到境外的租稅天堂。

如果這個情況屬實，我們其實還高估了億萬富翁所繳納的稅金。

另外，我們還必須聲明：美國整體租稅系統的實際累進性遠比乍看之下低，但美國不是唯一出現這個現象的民主國家。我們很難進行非常嚴謹的國與國比較，相關的理由將在第五章討論，不過，最顯明的證據顯示，和美國類似的國家還很多：舉個例子，法國的租稅系統看起來稅制並不比美國更累進。[15]

我們認為美國稅制的累進性不足將造成很大的問題，理由有三個：

第一個理由是基本預算考量。即使只觀察所得階梯的最頂層（這個階級的租稅變成累退性租稅）牽涉到的金額就已非常龐大。頂層〇・〇〇一％民眾目前有二五％的所得用於繳稅。如果將他們的所得用於繳稅的比率提高至五〇％，那麼，在其他條件不變的情況下，國庫每年就能徵收到超過一千億美元的稅收。這筆錢就足以讓每一名勞動階級成人的年度稅後所得增加八百美元——例如經由降低薪資稅的方式，使他們的實收所得增加。所得極度集中在頂層所得族群的情況，意味超級富豪繳納的稅金多寡，對美國政府的整體財務狀況攸關重大。

第二個理由非常簡單：公平性。有錢人沒有繳的稅，勢必得由其他所有人負擔。當然一定有人可能主張每個人的市場所得或多或寡，都是各憑本事、各自應得；根據這個邏輯，在一九六〇年代與一九七〇年代遭受不公平待遇的富人，目前只是透過比以前更自由不受拘束的全球化市場，取得他們憑著真本事而理應掙到的所得罷了。儘管我們並不認同市場基本教義主義（market fundamentalism）這個意識形態，不過，至少這是個從一而終的世界觀。然而，有什麼論據能證明億萬富翁理應繳納比我們每個人少的稅，且隨著他們的財富愈多，繳的稅愈少？有什麼原理能證明那樣一個明顯墮落的局面是合理的？

不過，反對美國當前租稅體制的最根本理由，應該是這個租稅體制正造成不平等情勢急遽惡化。誠如我們先前討論的，頂層一%所得族群的所得占比已大幅上升，而勞動階級的所得占比則急速崩落。儘管如此，我們的租稅系統不僅未能壓抑這個趨勢，反而增強這個趨勢。以前有錢人繳很多稅；現在則繳比較少稅。以前窮人繳相對較少的稅；但他們目前的稅捐已增加。二〇一八年，最有錢的四百名美國富人的稅率，竟低於勞動階級的稅率，這是百年來首見。

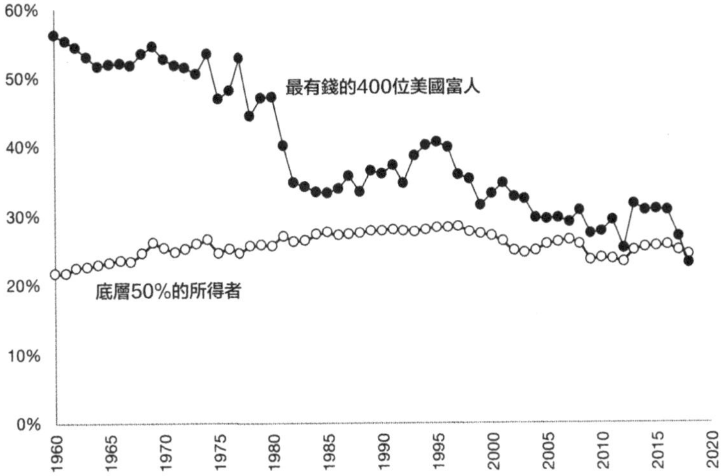

【圖 1.4】美國億萬富翁目前的稅率比勞動階級低
（平均稅率：底層五〇%所得者與四百位最有錢的美國富人）

附注：本圖描繪了一九六〇年以來所得最低的五〇%成年人以及最高所得的四百名成人的平均稅率。稅率是以約當稅前所得的比重來表示。一九八〇年代以前，最頂層所得族群的稅率遠比底層五〇%所得族群高。但二〇一八年，底層五〇%所得族群的稅率，有史以來首度超過頂層四百位所得者的稅率。完整細節請詳 taxjusticenow.org。

美國的租稅系統看起來很像財閥統治的租稅系統。頂層所得族群的稅率還不到二〇%，在這個情況下，有錢人幾乎能不受任何阻礙地繼續積累更多財富。而在那樣的情況下，有錢人的勢力絕對會繼續增強，包括他們為追求個人利益而左右政策制訂與政府的能力。

很多人可能對「財閥統治變得更根深蒂固」的風險很不以為然，並且相信就算整個美國的大部分財富被少數超級富豪掌握也無關緊要；他們也可能認定美國的機構極度健全，不可能被特殊利益團體綁架，並且相信從波士頓到洛杉磯，民主政治永遠都能戰勝財閥統治。的確，民主政治的確曾克服財閥統治；它戰勝了南方蓄奴財閥的統治，並擊退了鍍金時代開始萌芽的工業主義財閥統治。

其中一次是透過戰爭，另一次是透過租稅革命。

第二章

美國租稅發展史

美國稅制的歷史絕非依線性發展，在過去，美國的稅制常出現劇烈的反轉、常因突發的意識形態與政治變化而改變，也常出現開創性的創新與激烈的大轉彎。

從一九三〇年至一九八〇年，美國的平均最高邊際所得稅率為七八％，而在一九五一年至一九六三年間，最高邊際稅率更曾高達九一％。[1] 在二十世紀中葉，高額的遺贈財產被課徵幾近於充公的稅率，從一九四一年至一九七六年，最有錢的美國人承擔了接近八〇％的遺贈稅。

有些評論家觀察過這一段歷史後，駁斥「高邊際稅率是成功的政策」的概念。他們強調，實務上幾乎沒有人誠實繳納上述完整稅率，而且漏洞無所不在。若根據他們的觀點，美國看似對富人課稅，但實際上並非如此。

那麼，美國超級富豪將大部分所得貢獻給國庫的情況是否曾經發生？如果曾有過這樣的情況，那是只有在戰爭的背景下才發生嗎？或者說戰爭時期採用的累進稅制有繼續延伸到戰後，以展現當局在正義與不平等方面的更廣泛選擇（直至今日，這些選擇仍是租稅相關辯論的重要議題）？要解答這些疑問，必須先考量一項完整的長期事證：不同人口族群有效稅率的長期演變。將上一章說明的計算結果向前延伸一個多世紀，就能得知美國過往租稅系統的精確累進性，也會了解一個事實：美國在某些重要的累進性財政創新方面，絕對堪稱世界史上的先驅，並經常為其他國家創造改革的條件。

當然，這個世界上沒有所謂的「美國式」課稅法——也沒有「法國式」或「日本式」課稅法。每一個國家各有特殊的發展軌跡、實驗、機構設計、突破，也分別出現走回頭路的狀況。一如其他國家，美國的財政史也和不平等的動態、對私有財產的信念的轉變，以及民主政治的發展等密切相關。了解這段歷史，有助於掌握在當今推動變革的可能條件。

十七世紀發明的財富稅稅制

北方殖民區——從新罕布夏州到賓州——的開墾者抵達新世界（New World）後，念茲在茲的事務之一就是如何確保有錢人為公共支出做出貢獻。十七世紀的先人研擬了一套（以當年的標準而言）先進到不可思議的租稅系統。最主要的創新就是對財富課稅。他們不僅沿用當時英國人針對房地產與土地課稅的做法，還對其他所有資產課稅，包括金融資產（股票、債券、貸款工具）到牲畜、存貨、船隻和珠寶等財產。

早在一六四〇年，麻薩諸塞殖民區就針對所有形式的財產課稅。[2] 雖然財產的評價方法隨著時間而有所不同，也因不同州而有差異，通用原則卻無二致：採用當前的主流市場價格來評估每一項資產的應稅價值。當一項資產無法輕易取得市場價值時，就由民選的地方估價官員來估算它的價值，或是以該項資產所衍生的所得流量的特定倍數來計算。舉個例子，西元一七〇〇年的麻薩諸塞州人推估，一棟年租金十五英鎊的住宅價值九十英鎊（相當於六年的所得）。

不可否認，就當今的標準來說，這些殖民區的租稅系統絕對不完美，甚至也不公平。先人們採用的財富稅制隱含非常嚴重的缺陷。這些稅賦的稅率很低，而且非累進稅。另外，財富稅不足的部分，則是以諸如進口關稅與人頭稅（poll tax，每人相等的稅捐）等導致窮人受到不成正比的衝擊的稅捐來填補。諸如紐約等殖民區依賴累退性的消費稅來支應公共支出的程度，高於對財產稅的依賴。

不過，整體而言，當時北方各殖民區租稅系統的累進性已算是高得不尋常。這些殖民區的租稅系統比同時期的歐洲租稅系統更進步且更民主。舉當時舊世界（Old World）人口最多的法國為例。儘管當時麻薩諸塞殖民區相當認真看待對富人課稅一事，法國國王卻繼續縱容有錢人，強迫一般大眾繳稅。當時的法國設有一種所得稅（法文為 taille），這項租稅最赫赫有名的特色是，它對幾乎所有特權族群免稅，這個族群包括貴族階級、教士、法官、教授、醫師、大都市——包括巴黎——居民，當然也包括租稅徵收員本身，這些徵收員就是所謂的包稅人（tax farmers，法文為 fermiers generaux）。在此同時，社會上最貧窮的成員則必須繳納沉重的鹽稅（即令人聞之色變的gabelle）以及將食物、飲料與建築材等商品運入都市銷售的各種擴展捐（sprawling levies，進口稅〔法文為 entrees〕與入市稅〔法文為 octrois〕）。由於每個人都需要食物與鹽（畢竟當時還沒有現代冷藏技術），所以構成舊世界稅收骨幹的消費相關稅捐的累進性，自然比不上新英格蘭（New England）的財產稅。[3]

新世界的兩個面貌

北方各殖民區的稅制也遠比當時南方的稅制累進非常多。直到南北戰爭爆發前，南方最大殖民區維吉尼亞的租稅系統，基本上是由一項人頭稅與各式各樣對必需品徵收的稅捐組成。當時麻薩諸塞殖民區已開發了一個評鑑各式各樣財富的價值的精密系統，維吉尼亞卻完全不評估任何資產的價值。那麼，它的主要稅收來源是什麼？答案是：對菸草磅數、牛隻與馬匹、馬車車輪數及撞球桌等課徵的稅捐，外加人頭稅。[4] 換言之，即使到了十八世紀，湯瑪斯．傑佛遜（Thomas Jefferson）家鄉維吉尼亞州的租稅，竟還比法國路易十六國王的租稅更加古老。所得稅制並不存在於那個世界；而財產稅也僅限對土地課徵。

一如北方，南方不同州的租稅政策也各有差異，不過，大致上來說，南方租稅的累退性較高。歷史學家羅蘋・伊恩霍恩（Robin Einhorn）在她的大師巨著《美國租稅與美國奴隸史》（*American Taxation, American Slavery*）中，說明南方當時這個落後現象與奴隸制度之間的深刻關聯性。當時南方蓄奴者非常擔心代表過半數人的非蓄奴者將利用稅制來破壞，甚至最終廢除這個「特有的慣例」（譯注：指蓄奴制度），尤其對徵收財富稅的可能性憂心忡忡：當時南方各州的四〇%人口被視為財產，所以，對蓄奴的農場主人來說，財產稅堪稱攸關生存的一種威脅。所以，他們堅持反對實施那類租稅，並積極施展他們的勢力，最終成功地維護了古老又陳腐的租稅與公共機構，時間長達兩個世紀。但他們是怎麼做到的？答案是：扼殺民主。

十七世紀與十八世紀的維吉尼亞是採用長年因襲的地方寡頭政治系統來取代民選地方政府。地方官職是終生制，由農場主人代代相傳；各郡的法院成員則是根據在職官員的推薦來任命。就算維吉尼亞的農場主人們沒有任命自家人擔任收稅官，也會賄賂擔任收稅官的人。後來財產稅制終於實施，但上有政策、下有對策，土地所有權人自有應變方法——他們自行評估土地的價值。不意外的，這些地主最終採用低得荒謬的土地評價來計稅。維吉尼亞的選民一直等到一八五一年，才終於如願選出他們的史上第一位民選州長。

你應該常聽到「美國人天生就擁有痛恨稅賦的基因！」之類的反稅（antitax）說辭。歷史上反覆出現類似的陳腔濫調：美國建國時期的最關鍵政治行動之一，就是一場租稅起義，即一七七三年的波士頓茶黨運動（Tea Party）；美國人認同個人應該為自己負責，美國人相信向上的社會流動有可能發生，他們相信只要夠努力、夠機靈，任何人都能成功爬到社會頂層，而這些信念和當年歐洲人的想法完全相反；美國的窮人總認定自己只是暫時落難的百萬富翁。[5] 根據這個邏輯，美國痛恨稅賦，而「餓死野獸」（starving the beast，譯注：美國保守主義者的財政手段之一，目的是藉由降低稅收達到減少政府支出的目的），就是落實上述信念的行動。

透過伊恩霍恩的著作，我們體察到，要尋找這類說辭的源頭，不能訴諸位於麻州的波士頓，應該從維吉尼亞州的里奇蒙開始找起。這個說辭不會是源自於渴望自由的一般民眾；而是源自於為了捍衛岌岌可危的龐大財富而奮鬥的奴隸主。美國的歷史上充斥各種不同形式的反政府信念體系（belief system），而奴隸主社群比其他社群更堪稱一手打造反政府信念體系的工匠。南方的奴隸主認定私有財產擁有至高無上的地位，神聖不可侵犯——即使他們所謂的私有財產是一群人類。所以，他們群起反對允許租稅徵收人員「侵門踏戶」到私有住宅的那類「審判型」（inquisitorial）所得稅與財富稅，並以「多數人的暴政」（tyranny of the majority）來暗指尋求對少數有錢公民「強取豪奪」的作為。儘管美國反政府情緒的來源錯綜複雜，但過去幾個世紀的所有反稅故事，都少不了南方蓄奴者的參與。

南北戰爭爆發後，美利堅聯盟國（Confederate states，譯注：南方蓄奴州）因這種長期憎惡租稅與民主政府的態度而陷入嚴重不利的處境。由於這些州多半依賴關稅收入，所以當美利堅合眾國（Union，譯注：北方）封鎖南方的港口，聯盟國的收入因而大幅崩落。由於美利堅聯盟國極度缺乏課徵所得稅與財富稅的經驗，所以無力恢復折損的稅收，最後不得不仰賴債務來支應它和合眾國之間的戰爭所需。而隨著聯盟國政府發行愈來愈多債券，通貨膨脹也迅速飆升。

相反的，合眾國以原本就存在的直接稅制傳統來支應戰爭所需的資金。它根據一八六二年的收入法案（Revenue Act of 1862）成立了國稅局。同一年，它便針對六百美元以上的所得課徵稅率三%，以及五千美元以上的所得課徵稅率五%的所得稅，這就是史上第一批聯邦所得稅。[6] 免稅門檻六百美元大約等於當時國內平均所得的四倍，換算下來，約當目前的二十五萬美元。[7] 所以，這項租稅的稅率雖低，卻是一種累進稅。一八六四年的收入法案又將稅率分別提高到六百美元以上的所得課徵五%，五千美元以上課徵七．五%，一萬美元（大約相當於目前的三百萬美元以上）以上課徵一〇%的稅。法律命令民眾必須公開揭露所得稅繳納金額，所以，一九六五年那一年，《紐約時報》（*New York Times*）的頭版條列了紐約有錢精英分子的所得清單：威廉．阿斯特（William B. Astor）公告他的所得為一百三十萬美元（大約是當時平均所得的五千兩百倍，相當於今天的四億美元）；康內留斯．范德比爾特（Cornelius Vanderbilt）則公告他的所得為五十七萬六千五百五十一美元（相當於目前的一億七千萬美元），等等。[8] 當時合眾國依樣也為了支應戰爭所需而負債累累，通貨膨脹當然也上升，但遠比南方低。[9]

所得稅違憲

在一八六五年廢除奴隸制度後，有錢的工業家沿用蓄奴者的說辭，企圖對抗南北戰爭期間設置的所得稅。他們「回收再利用」一向能讓南方政治寡頭順利得逞的論述，並稍加予以更新後，用以反對干涉私有財產的「邪惡行為」。一八七一年，反所得稅聯盟（Anti-Income Tax Association）在紐約成立，它集合了當年某些最有錢的人，包括：威廉・阿斯特、薩謬爾・史洛恩（Samuel Sloan）和老約翰・皮爾朋・摩根（John Pierpont Morgan Sr.）等。[10] 經過一番努力，這個協會最後成功達到目的：原本在戰後就已獲得國會調降的所得稅稅率，最終在一八七二年徹底廢除。儘管很多改革者在重建時期（Reconstruction era）與後來的鍍金年代致力於復徵所得稅，但到一九一三年以前，所有努力都付諸流水。

十九世紀末各方主要基於兩個重大的正當理由，為重新導入累進稅制而投入種種努力。第一個理由是，聯邦租稅系統不公平到無法無天的地步。從一八一七年至板塊大移動般的南北戰爭，國會只課徵一種稅：對進口商品收取的聯邦關稅。除了一八六一年實施的累進所得稅，南北戰爭期間，不僅幾乎所有物品，包括奢侈品、酒精、撞球檯、撲克牌等，都被課徵貨物稅，連股份有限公司、報紙廣告、法律文件與製造品等也被課徵貨物稅。某些新創的國內稅——這些是針對國內消費課徵的稅捐，和屬於「國外稅」的關稅呈現對比——在聯盟國戰敗後遭到廢除，但其他稅仍繼續課徵。一八八〇年時，國內稅收入占聯邦政府稅收的三分之一；剩下三分之二稅收則來自進口關稅。[11] 無論是來自國內稅或進口關稅，聯邦租稅的負擔主要都落在窮人的頭上。反所得稅聯盟成功促成聯邦所得稅的廢除後，鍍金年代的巨額財富幾乎沒有繳納任何聯邦稅；幾乎所有聯邦稅收都源自於消費者的貢獻。

第二個催化改革作為的發展（也是一個新發展）是不平等情勢的急遽惡化。隨著工業化、都會化與卡特爾化（cartelization）趨勢的快速成為主流，財富愈來愈集中的現象也顯明到令人難以視而不見。經濟學家費盡心力，意圖量化不平等的程度。一八九三年時，農業部（Department of Agriculture）的統計人員之一喬治·荷姆斯（George K. Holmes）採用一八九〇年戶口普查局的資料，以及同一時期的百萬富翁家庭清單，估算出頂層一〇％家庭共掌握七一％以上全國的財富。[12] 不僅如此，其他人也陸續歸納出類似的研究結論。[13] 這顯示不平等程度遠比戰前時期惡化——在戰前，頂層一〇％家庭僅持有不到六〇％的全國財富。當然，十九世紀的財富集中度估計值存在一定程度的錯誤。[14] 由於沒有聯邦所得稅或財富稅，可用來估算不平等程度的主要素材有限。但在不平等程度惡化的同時，社會上較高階級的人士也愈來愈強烈要求否認不平等程度惡化的事實。於是，經濟學家開始扭曲事實，公布誤謬的統計數據。不過，只要平常稍微有留意的人都知道，當時的不平等情勢正劇烈惡化。

於是，主張實施累進稅制的呼聲增強。一群經濟學家公開解釋為何所得稅是「使現有租稅系統更完美朝更正義方向前進」的必要作為，其中最顯赫的是哥倫比亞大學的教授愛德文．塞利格曼（Edwin Seligman）。[15] 國會為了恢復累進所得稅而通過多項法案（通常是在經濟危機後通過，像是一八七三年與一八九三年的經濟恐慌後）。這些立法方面的努力獲得代表南方白人與窮人以及代表東北部及西部中產階級白人選民等所組成的改革民主聯盟的支持。不過，南方精英分子與北方的工業家所組成的新聯盟，則反對這些立法作為。在那些有錢人眼中，所得稅制是為了取悅「西部煽動者」的「審判」式「階級立法」（class legislation）；他們認為這種稅制破壞隱私權，甚至更糟：根據紐約州參議員大衛・希爾（David Hill）的說法，這是一批「歐洲教授」輸入美國的「反美」（un-American）制度。[16]

儘管如此，一八九四年，國會依舊通過一項所得稅法案，超過四千美元的所得必須課徵二%的稅，大約是當年每名成年人平均所得的十二倍，約當目前的九十萬美元。後續的辯論圍繞著聯邦所得稅是否合憲的議題打轉。根據憲法，直接稅必須根據每一州的人口比例，由各州分攤。舉個例子，如果美國的一〇%人口住在紐約州，來自紐約州的稅收就必須等於總稅收的一〇%；即使有三分之一的所得是在紐約州取得（十九世紀末的狀況大致如此），且即使多數應課稅民眾（即所得超過四千美元者）住在紐約州。一八九四年的所得稅或一八六二年的所得稅都不是依各州人口比例來分攤，因為依各州人口比例分攤租稅的概念毫無道理可言：若依照這個原則，政府將不得不對富人人數較其他州更多的州（像是紐約州）課徵非常少的稅金，導致累進所得稅制的美意受挫。

雖然憲法命令直接稅必須依人口數的比例分攤，卻未定義何謂「直接稅」。在一七八七年八月二十日的費城制憲會議上，麻州代表魯夫斯．金恩（Rufus King）提問：「究竟直接稅制的含義是什麼？」現場沒有人回答，那是歷史上非常著名的時刻。聯邦所得稅是一種直接稅嗎？或者這個用語只是指人頭稅與土地相關稅捐？最高法院在一八九五年處理了這個議題。眾法官在裁定《波洛克訴農民貸款與信託公司》（*Pollock v. Farmers Loan and Trust Company*）一案時，宣布聯邦所得稅是一項「直接稅」，所以必須由各州根據州內人口數占全國總人口的比例來分攤。這個判決意味一八九四年的所得稅違憲，也導致那一項法案作廢。於是，在鍍金時代的剩餘時間內，所有聯邦政府收入全數來自關稅與菸草和酒精的貨物稅。

累進稅制誕生

波洛克一案的判決出爐後，除非修訂憲法，否則根本不可能開徵累進所得稅。但這個障礙在一九一三年清除；國會兩院於一九〇九年分別以三分之二以上席次（這是修憲的兩項必要程序）通過憲法第十六條修正案（Sixteenth Amendment），接著，四分之三的州在一九一三年批准了這項修正案。這項修正案的條文寫道：「國會有權對任何來源的所得徵稅，無須由各州依比例分攤，」聯邦所得稅便是在同一年頒布實施。

美國並非累進所得稅制的先驅。早在十九世紀末與二十世紀初，這項政策迅速在國際間蔚為一股風潮。德國、瑞典和日本是第一批非基於緊急戰爭籌資目的而創設累進所得稅的國家，它們分別是在一八七〇年代至一八九〇年代間導入這種稅制。很快的，大英國協也跟進。美國方面的創新也迅速讓它的所得稅累進性迅速上升。一九一三年，美國的最高邊際稅率僅七％，但到一九一七年，最高邊際稅率便已達到六七％。在當時，世界上沒有一個國家對有錢人課那麼重的稅。

美國租稅累進性如此快速上升的原因非常多。[17] 其中一個原因是為了防止民眾在第一世界大戰期間從事奸商行為，因為在南北戰爭期間，很多人透過奸商行為致富。為了防止「黑心貴族」再次興起，美國在戰爭衝突期間實施了超高的盈餘稅。最初這項稅捐只針對軍需品產業課徵；而在美國於一九一七年四月宣布參戰後，這項稅捐便擴大適用到所有企業。超過企業有形資本（建築物、廠房、機器等）報酬率八％的所有盈餘，都會被視為反常的盈餘。反常盈餘會被課徵累進稅，而一九一八年針對反常盈餘課徵的累進稅稅率最高達八〇％。

即使戰爭是導致租稅累進性快速上升的背景因素之一，它似乎並不是促使美國租稅累進性上升的關鍵動力。當時沒有任何參戰國熱衷於鼓勵戰時奸商行為；每一個參戰國都針對國內業務實施超高的盈餘稅。不過，沒有一個國家的最高邊際所得稅率的提升幅度比得上美國（但大英國協和美國有點接近）。美國累進稅制的興起，不僅是戰爭的非常環境所造成，更導因於一八八〇年代至一八九〇年代期間的幾項理智與政治變遷，包括：民主黨的演進——南方的種族隔離主義者（segregationist）雖粗暴，但他們迫切希望聯合北方與西部的低所得白人，利用某個平等主義經濟平台的工具，對抗共和黨的金融界精英；在不平等程度急速惡化與工業集中的背景下，支持更大經濟正義的社會流動。簡單說，當時美國社會上愈來愈多民眾拒絕眼睜睜看著美國變得跟歐洲一樣不平等，那時的歐洲被視為寡頭統治的負面模範，是促成美國累進稅制的關鍵動力。[18] 經濟學家爾文・費雪（Irving Fisher）一九一九年在美國經濟協會（American Economic Association）發表演說時對「不民主的財富集中」所提出的譴責，貼切地體現了這樣的思維。[19]

就這樣，和平時期的美國開創了兩項二十世紀關鍵財政創新。

第一個創新是導入極度累進的財產稅。誠如我們已經討論的，在那個世紀剛展開時，美國已實施了相當久的財產稅制。不過，這些財產稅有一個重大缺陷：這些稅並不是累進稅。所有財產的所有權人無論財富多寡，都適用相同的稅率。十九世紀期間，為了讓各種財產稅趨於累進化，很多人投注了不少心力，但由於各州採納「統一性條款」（uniformity clauses），導致這些努力最終功虧一簣。統一性條款命令所有資產都必須課徵相同的稅率，無論本質為何（例如實體資產或金融資產）或其所有權人的財富多寡。[20] 一九一六年時，聯邦政府以「累進死亡稅」的形式，導入它的累進財產稅，那就是聯邦遺產稅。這項租稅的稅率最初並不高：一九一六年，針對最高額遺產課徵的最高遺產稅，稅率僅一〇％；到第一次世界大戰期間，這項最高稅率稍微上升，隨後在一九二〇年代末期漸漸趨穩於二〇％。

但這個情況在一九三一年至一九三五年間改變——當時針對最高財產課徵的稅率從原本的二〇％竄升到七〇％。自一九三五年至一九八一年，這項稅率便在七〇％至八〇％之間游移。在二十世紀期間，歐陸沒有任何一個國家曾以直接稅的方式，向高額的繼承財產（父母傳給子女）課徵超過五〇％的稅。唯一的例外是一九四六年至一九四八年間盟軍占領時期的德國，當時的租稅政策決定權掌握在美國人手中，當時美國人課徵的稅率是六〇%。[21]

第二項租稅政策創新更是影響深遠。所得稅自創設後至一九三〇年代，它的目標便是要收稅。這項租稅強迫有錢人依據其納稅能力貢獻國庫。富蘭克林．德拉諾．羅斯福總統（President Franklin Delano Roosevelt，譯注：以下稱小羅斯福總統）當選後，又增加一項新目標：確保所有人的所得都不能超過特定金額。簡單說，就是將超額的所得充公。一九三六年時，他將最高邊際所得稅率提高到七九%，一九四〇年又提高到八一%。到第二次世界大戰期間，最高邊際稅率更接近一〇〇%。

小羅斯福總統在一九四二年四月二十七日向國會發表的咨文最能反映他的思維：「應設法縮小低個人所得與極高個人所得之間的不一致；因此我相信，在國難當前的此刻，所有超額所得都應該投入以打勝仗為前提的用途，所有美國公民一年的納稅後淨所得，都不得超過二萬五千美元。」他計畫針對二萬五千美元（相當於目前的一百萬美元）以上的淨所得課徵一

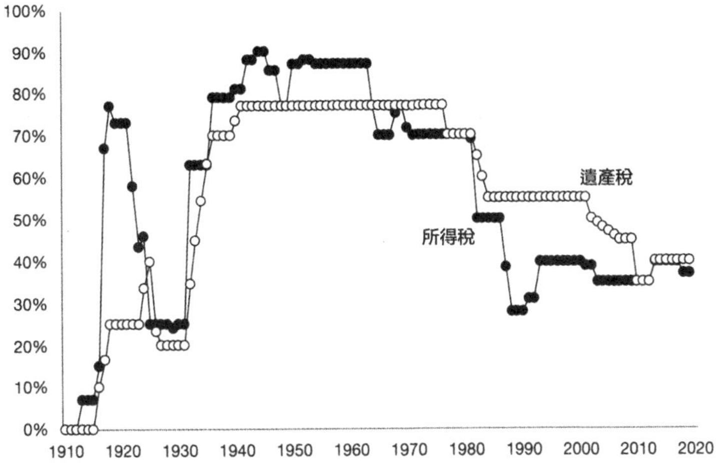

【圖 2.1】美國對高所得課徵超過九〇%稅率的期間（法定最高邊際稅率）

附注：本圖描繪了一九一三年起，聯邦個人所得稅與聯邦遺產稅的最高邊際稅率。從一九三〇年代至一九七〇年代，美國的最高邊際所得稅與遺產稅稅率都超過七〇%，為西方國家中最高（與英國相當）。完整細節請詳 taxjusticenow.org。

〇〇%的稅，所謂的所得不僅包含薪資，還包括所有來源的所得，像是免稅型證券的利息。不過，國會認為一〇〇%的稅率實在「太超過」，因此將最高邊際所得稅率微調到九四%。另外，國會還頒布了一項對平均稅率設限的機制，讓民眾實際上繳納的稅額不會超過所得額的九〇%。

在那之前七十年的南北戰爭期間——共有六十二萬名士兵陣亡（大約是美國在兩次世界大戰、韓戰、越戰、伊拉克與阿富汗等戰爭的陣亡人數總和）——關於有錢人租稅的討論，一般常被提及的稅率介於〇％至一〇％，但到這時，討論的內容卻變成「稅率應該是九〇％還是一〇〇％才合適」，這證明二十世紀初租稅累進性的上升，與政治變遷比較相關，和戰爭的需要較不相關。從一九四四年至一九八一年，平均最高邊際所得稅率為八一％。

這些近乎充公的最高稅率只適用於異常高的所得——即相當於當今幾百萬美元以上的所得。舉個例子，一九四四年的最高邊際稅率為九四％，起徵點是二十萬美元，這個金額相當於每名成人平均國民所得的九十二倍，或約當目前的六百萬美元以上。而相當於當今一百二十萬美元以上的所得，還是適用七二％至九四％不等的稅率。不過，低於那個所得水準的稅制，則和目前的典型情況一致：相當於目前幾十萬美元所得的邊際稅率僅介於二五％至五〇％。

從南北戰爭後，反對累進稅制的人就發現，佯稱中產階級會受到實際上只和超級富豪有關的租稅重創的策略非常有效。但實際上除了超級富豪以外，沒有人受美國那種充公式最高稅率政策影響。上層中產階級當然也從未受影響。

誠如小羅斯福向國會發表的咨文所明示，美國支持這種近乎充公的最高邊際稅率的真正理由是為了改善不平等情勢，並非真的為了收稅。如果超過一百萬美元的額外所得會全數被國稅局徵收，那還有誰會願意努力賺比一百萬美元更多的錢？在那種情況下，沒有人會簽訂超過一百萬美元薪資的雇用契約，沒有人會累積能創造超過一百萬美元之年度資本所得的財富。富人會在所得抵達那個水準後停止儲蓄。一旦所得達到那個門檻，他們多半會把資產送給子嗣或慈善機關。因此，小羅斯福實施這項政策的目標顯而易見：降低稅前所得的不平等。美國有幾乎半個世紀實施法定最高所得政策，有史以來幾乎沒有任何民主國家曾這麼做。

不平等因最高稅制而改善

我們有正當的理由延續小羅斯福時代的政策——因為富人的超高所得多半是靠犧牲社會上其他人而取得，這個理由自始至終都沒有改變。戰爭期間更是如此，因為在民眾忙著打仗的時刻，軍火商卻有大把銀子入帳。但承平時期也可能一樣：當金字塔頂端民眾的所得來自以賣方獨占地位剝削他人、天然資源租（rent）、勢力不均衡、無知、政治偏好或零和（zero-sum）經濟活動（我們將在下一章研究其中一種：非法避稅產業），那麼他們的所得多半也是犧牲其他人而來。在那樣的情況下，近乎充公的最高邊際所得稅並不會導致經濟大餅縮小，只是使有錢人分到的餅變小，社會上其他人的所得增加，而前者減少的所得金額與後者增加的所得金額相等。[22]

當然，這個觀點的優、缺點是可以公開辯論的，另外，目前將最高邊際稅率提高到九〇％（我們將在第八章進一步詳細討論這個概念）是否有道理，也是可以客觀討論的。但在開始思考這樣一個提案之前，我們必須先解答一個基本的疑問：小羅斯福總統的租稅政策是否真的奏效？他的政策是否真的促使稅前所得集中度降低？

有一項指標顯示這項政策的確使稅前所得集中度降低：從一九四〇年代至一九七〇年代，鮮少納稅人向國稅局申報巨額的所得。只有區區幾百個家庭落在必須課徵充公式稅率的最高所得級距。財政所得——也就是向稅務主管機關申報的所得——不平等的情況大幅改善。頂層〇・〇一％民眾的財政所得在戰後那幾十年達到歷史低點。從一九一三年開徵所得稅至小羅斯福在一九三三年就職時，這個族群的所得約當總財政所得的比重，平均為二．六％。自一九五〇年至一九八〇年，那個數字降至平均〇．六％。[23] 從租稅數據觀察，小羅斯福總統的政策無疑有達到預定的目標。

不過，如果那些租稅數據有誤導性，該怎麼辦？畢竟有錢人能神通廣大地找到各種隱匿所得的辦法，讓國稅局查無可查。他們有可能會使用各種合法或非法的花招來逃避最高邊際稅率。若無限上綱地延伸這條思路，有可能會歸納出「美國的不平等情勢從未真的改善，或至少不像租稅統計所顯示的那麼明顯改善」等結論。如果頂層族群財政所得占比的大幅擺盪，只是避稅行為所造成的假象，那又該怎麼因應？

不假思索就駁斥或拒絕接受這個論述是錯誤的。若作為一個理論，這個論述的確有其吸引力，因為它相當符合直覺：一旦最高邊際稅率達到極高水準，「有錢人將想方設法地隱匿所得」似乎是一個合情合理的推斷。但若那段期間的有錢人真的成功隱匿了所得，不平等的情勢應該不會那麼明顯改善。多數人難以看出很多重要經濟現象——像是不平等程度有多高之類的；那類現象必須透過耐心與科學方式來建構，問題是，沒有任何科學是肯定的。要衡量不平等的程度，最好的方法牽涉到追蹤各式各樣的所得，包括無須向國稅局申報的所得，像是企業的保留盈餘、因持有免稅的債券而獲得的利息等等。換言之，我們必須釐清總國民所得在到各個所得族群的分配狀況，一如我們在前一章針對近幾年的情況所進行的分配。

我們經由這項作業而推演出來的結果，大致上能印證財政所得數字所透露的意義。從一九三〇年代至一九七〇年代，國民所得的不平等程度確實是降低的，因為當時過高的所得被課徵幾近充公的稅率。不過，不平等程度的降低並不像所得稅統計數據所顯示的那麼驚人，那多半是因為戰後那幾十年，企業的保留盈餘增加——在一九六〇年代達到國民所得的六%左右。當企業未將盈餘分配給股東，這些盈餘就不會顯現在股東的個人所得稅申報書表上，並因此可能導致觀察家低估了實際上的不平等程度。當有錢的股東被迫適用高達九一%的個人稅率，某些大股東就有可能指示他們的企業，將盈餘投入再投資用途（這樣就不會被課徵個人所得稅捐），不要發放股利（發放的股利就必須課徵個人所得稅）。

但即使計入保留盈餘及其他所有形式的未稅所得，一九三〇年代至一九七〇年代的所得集中度確實是劇烈下降。[24] 美國頂層〇・〇一%所得族群的總稅前國民所得占比，從大蕭條前夕的四%以上，降至一九七五年的歷史低點，約一・三%。當然，的確有一些盈餘被保留在企業，並因而免稅，但這些保留盈餘的金額並不如想像中高。一九六〇年代的保留盈餘的確很高（大約是國民所得的六%），但相較於長期的典型水準，倒也沒有特別突出——舉個例子，進入二十一世紀後，企業保留盈餘一直維持在相當於國民所得的五%左右。在股利稅稅率較高的情況下，保留盈餘未顯著增加的原因有幾個。股利分配政策向來是沒有彈性的：一旦一家成熟的企業開始分配股利給股東，就幾乎等於走上股利分配的不歸路，鮮少走回頭路，除非這家企業接近破產。奇異公司（General Electric）、杜邦（DuPont）、艾克森（Exxon）和其他巨獸型企業在第二次世界大戰後就發放了高額的股利。而且股東也偏好領現金股利，他們不喜歡大企業將盈餘保留在公司，因為企業經理人隨時可能決定將未分配盈餘揮霍到啟人疑竇的投資活動，這是一種恆久存在的風險。而且，未分配盈餘太高也等於讓工會得到要求加薪的好藉口，一九五〇年代至一九六〇年代，工會勢力相當強大。

整體而言，沒有跡象顯示杜魯門（Harry Truman）與艾森豪（Dwight Eisenhower）總統時期的財政數據嚴重低估了富人的財富水準。事實上，一九五〇年代的任何一位當代人物都知道，富人的世界已經改變，而且不是朝好的方向改變。一九五五年時，《財星》雜誌刊登了一篇以「企業最高階經理人的生活方式」[25] 為題的文章。它的內容令人感到有點心酸。「成功的美國企業高階經理人每天都很早起，大約早上七點鐘。享用一頓豐盛的早餐後，便急忙搭著火車或開車趕到辦公室……就算是最高階的經理人，日常生活的經濟狀況也和次低所得族群的人沒有太大差異。」為何會這樣？「二十五年的歲月大大改變了企業高階主管的生活方式；一九三〇年時，一般的商業界人士雖遭到經濟風暴打擊，卻還沒受到所得稅重創。當時的企業高階主管依舊能穿著其他人還負擔不起的錦衣華服，過著其他人還負擔不起的光鮮亮麗生活……但如今，那些高階主管的房子可能相當樸實且相對狹小——大概只有七個房間和兩套半衛浴之類的。」更糟的是，「累進稅制導致他們不再有能力維護大型遊艇，任其在海裡腐蝕。一九三〇年時，弗瑞德・費雪（Fred Fisher）、華德・布里格（Walter Briggs）以及亞弗瑞德・史洛恩（Alfred P. Sloan）都坐擁長兩百三十五呎的遊

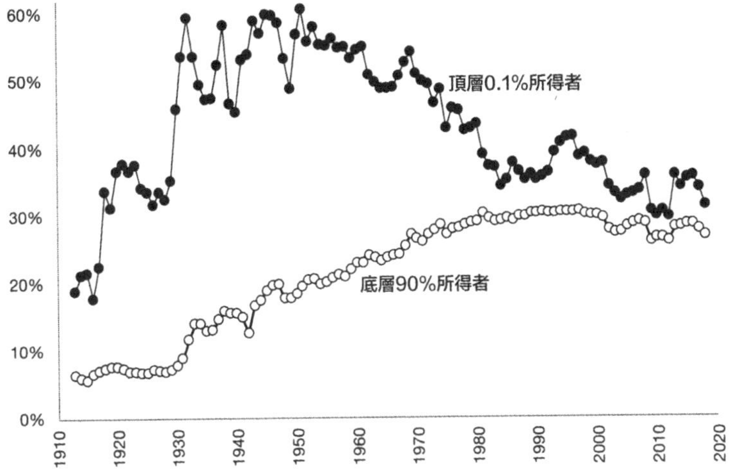

【圖 2.2】艾森豪總統執政時期對有錢人課徵的稅率平均達五五 %

附注：本圖描繪了一九一三年以來，底層九〇%與頂層〇．一%所得者的平均稅率。這些稅包括各級政府（聯邦、州與地方）的所有租稅。稅率是以稅前所得的百分比來表達。在過去，美國一向採累進稅制，頂層〇．一%所得者的稅率高於底層九〇%所得者。但近幾年，底層九〇%所得者的稅率幾乎和頂層〇．一%所得者的稅率相同。完整細節請詳 taxjusticenow.org。

艇；小約翰．皮爾朋．摩根（J. P. Morgan Jr.）更是剛打造好他的第四艘海盜船（三百四十三呎）。但如今區區七十五呎的遊艇就已被視為大遊艇。」當時的有錢人不僅面臨所得遭到抑制的窘境，實繳的有效稅率也很高。

從圖 2.2 可看出頂層〇．一%最高所得族群自一九一三年以來的有效稅率變化（其中包含他們繳納給各級政府的所有租稅）。誠如我們已討論的，如今美國的租稅系統大致上是一個巨大的單一稅系統：最有錢的人的稅率幾乎不比中產階級高（事實上，愈接近頂層所得水準的人，稅率更是低於中產階級）。半個世紀前的情況看起來則和目前相當不同。當時，由於薪資稅較低，勞動階級和中產階級美國人的租稅負擔比目前低很多。相反的，有錢人的租稅負擔則比目前高得多。在一九三〇年代至一九七〇年代的四十年間，有錢人的所得稅稅率超過五〇％，是所得分布的底層九〇％民眾的三倍以上。頂層〇．一％民眾的平均稅率更在一九五〇年代初期達到最高峰的六〇％，且在艾森豪總統的兩個任期間，維持大約五五％左右。在這段期間，美國的租稅系統是無可否認的累進租稅系統。

如何提高有效稅率

第一個方法是抑制避稅行為。我們將在下一章探討詳細過去一個世紀以來避稅行為的變化。不過，在這個階段，最重要的是了解一個概念：是否要放任民眾或大型企業非法避稅，多半是政府的選擇。在戰後那幾十年，政策制定者選擇打擊避稅與逃稅行為；我們很快就會討論到當時的政府是怎麼做的。

不過，過去美國租稅系統的累進性那麼高，較根本的原因是企業盈餘的租稅非常重。在所有資本主義社會中，最有錢的人的所得多半是透過股份而來，而股份就是股份有限公司的所有權，也象徵著扎扎實實的經濟與政治勢力。當企業盈餘被課徵非常高的稅，有錢人就會被迫貢獻很多錢到國庫。即使企業在大股東的指示下限縮股利發放金額，但企業稅是針對企業進行再投資或股利分配以前的盈餘課徵，所以有錢人一樣難逃被迫貢獻國庫的命運。實質上，企業稅形同對有錢人課徵的最低稅賦。

從一九五一年至一九七八年，企業盈餘的法定稅率介於四八％至五二％，而且和頂層個人所得稅稅率不同的是，企業所得稅適用於企業的全部盈餘。這種稅率並非為了嚇阻尋租行為（rent- seeking）及遏制超額所得而設計的邊際稅率，而基於取得稅收的目的而設計的單一稅率，而且，這樣的稅率設計確實也讓政府有效徵收到稅金。在一九五〇年代至一九六〇年代初期，企業盈餘的有效稅率接近五〇％。換言之，企業在美國賺到的每一美元盈餘，有一半會直接流入政府公庫。

誠如我們所見，在二十世紀中葉，這些超級富豪主要是透

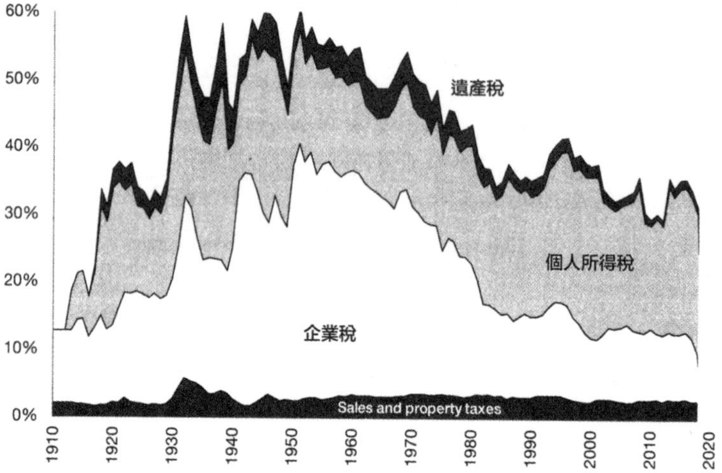

【圖 2.3】企業稅對有錢人產生的關鍵影響
（頂層〇．一％所得者的平均稅率）

附注：本圖描繪了一九一〇年以來，頂層〇．一％所得者的平均稅率及其各項租稅的組成情況。包含所有聯邦、州與地方租稅。企業稅包括商業財產稅。（但住宅房地產稅和銷售稅歸併在一起）。決定頂層〇．一％所得者稅率的主要驅動因素是企業所得稅，一九三〇年代至一九七〇年代中期，企業所得稅稅率非常高，但從那時起便漸漸降低。完整細節請詳 taxjusticenow.org。

過企業所得稅貢獻稅收到國庫，透過個人所得稅貢獻的稅收較少。根據設計，真正適用最高個人所得稅級距的九〇％最高邊際稅率的人非常少。不過，企業所得稅就不同了，實質上所有股東依個人持股比例計算而獲得的企業盈餘，都面臨五〇％的有效稅率。在戰後那幾十年，股份有限公司的所有權還是高度集中在少數人手中（那是在退休計畫促使股權基礎稍微擴大以前的事），而且當時企業的獲利能力非常高，企業的業主因此獲得極度優渥的所得。當時企業的一半盈餘必須直接上繳國稅局。扣除上繳的稅金後，不管剩下多少，很多企業還會發放股利給自家股東，而這些股利最高會被課徵九〇％的稅。

那樣的政策看來像一個不認真向富人課稅的國家的政策嗎？

第三章

不公不義如何取得勝利

十月是美國首都最舒適的月份。那一天，華盛頓的天氣照例清麗宜人，秋高氣爽時節特有的清涼微風，搭配淡藍色的天空，令人心曠神怡。橘紅交錯的樹葉在賓州大道（Pennsylvania Avenue）的白色大理石紀念碑上，輝映出光彩奪目的畫面。白宮南側草坪的一張小木桌旁，站著被二十幾名參議員與兩黨代表簇擁著的雷根（Ronald Reagan）總統，他手裡握著一支鋼筆，臉上露出興高采烈的神情。

進入第二個任期後，雷根總統在國內方面的第一優先考量是大幅降低稅率，而此時他剛完成這個大修稅制的心願。一九八六年十月二十二日當天即將簽署租稅改革法案的他，自有開心的理由。世界各國當中率先對高所得課徵近乎充公稅率的美國，將自一九八八年一月一日起，實施工業國家中最低的最高邊際所得稅稅率：二八％。經過三個星期的議場辯論，這項租稅法案最終以九十七比三的懸殊比數在參議院獲得通過。連民主黨的泰德·甘迺迪（Ted Kennedy）、亞爾·高爾（Al Gore）、約翰·凱瑞（John Kerry）以及喬伊·拜登（Joe Biden）都滿腔熱情地投下了贊成票。

這項法案本身並不特別受大眾歡迎，[1] 不過，美國政治與知識圈精英對這項法案的熱烈支持，簡直難以用筆墨形容。對那些精英分子來說，這項法案代表理性的勝利、共同利益戰勝特殊利益，它揭開了全新成長繁榮世代的序幕。儘管目前很多人認為那個法案是造成不平等情勢急速惡化的主要貢獻因子之一，[2] 但當年參與打造這項法案的每一個人，迄今仍深情緬懷這項法案。在美國各大學任職的活躍經濟學家，更幾乎將宣揚該法案的優點視為他們的專業責任。[3]

此前幾十年間對高所得課徵九〇％稅率的美國政府，怎會在一九八〇年代中期突然改弦易轍，相信改採二八％的稅率比較好？這個在歷史上留下深刻印記的大逆轉，部分是反映政治與意識形態的劇烈變遷，而那些變遷正是促使雷根在此之前六年贏得總統大選的要素之一。當時共和黨以現代化的詞藻重新活化南北戰爭前的南方抗稅說辭，成功團結了全國各地的高所得選民與南方的白人。朝聖山學社（Mont Pelerin Society）自一九四七年創立以來便大力鼓吹「小政府」概念，但到貝瑞．高華德（Barry Goldwater）投入一九六四年總統選戰時，這個概念才開始漸漸變得具體化；而到一九七〇年代，這個概念才終於在一個保守性基金會網路不遺餘力的推動下滲透到主流思想，並在政治圈風行。[4] 根據這個意識形態，政府的主要作用是要捍衛財產權，而推動經濟成長的主要引擎是利潤最大化的業務以及營運過程中的租稅最低化。根據這個世界觀，「世界上沒有社會這種東西，只有個別的男男女女。」[5] 對這些分裂為原子的個人來說，租稅是一種致命的損失，幾乎可稱為合法化的竊盜行為。

的確，此刻手握著鋼筆在白宮草坪上發表演說的雷根總統，公開廢除的是一個已變得「反美」的稅制；它的「高度累進本質重創了個人經濟生活的支柱。」相反的，新法案是「美國國會歷來通過的計畫中，最能創造就業的計畫。」

不過，光憑那些詞藻，雷根的租稅改革應該無法通過民主黨控制的國會——遑論獲得參議院的壓倒性支持。所以，這項稅改法案的勝利必有其他內情。根據雷根和當年擁護這項法案的民主黨人所言，當時的立法人員別無選擇：所得稅變得一團糟，而且不當操縱的情況極度猖獗。基於這種種失控的事態，政府唯一能做的就是削減稅率，同時積極填補各項租稅漏洞，以彌補因稅率降低而折損的稅收。

一九八六年的稅改法案闡明了累進稅制如何走到終點。但這個稅制並非經由民主方式而走到終點，換言之，它並非在選民的意志下被終結。觀察累進稅制歷來幾次走回頭路的狀況，就可發現一個共同型態：最初是非法避稅行為大增；接著政府哀嘆課不到富人的稅，並因此主動降低富人的稅率。了解這個惡性螺旋——避稅行為最初如何會增加？為何政府不阻止避稅行為？——就是了解租稅歷史與租稅正義的未來的關鍵。

成為文明社會的代價

在屬於經濟學家的簡化世界裡，租稅強制執行的理由簡單明瞭：頻繁查稅的威脅、對非法避稅者的懲罰，以及簡單但毫無漏洞的租稅制度，就能確保民眾納稅。當然，這些做法都很重要且必要。如果逃漏稅者有可能被揭發，並因逃漏稅的罪行而面臨嚴厲的懲處，作弊的人一定會減少。而如果租稅法規充斥大量為特殊利益團體提供的減稅機會，避稅的風氣勢必會快速擴散。[6]

然而在現實世界，光靠稅法和勤勉盡職的稅務稽查人員，絕對不足以維持租稅制度的正常運作。這是一個信念體系：民眾對收稅行動的利益（即集合眾人資源一定比各自為政更有機會促成全體的繁榮興盛）、由政府有條不紊安排這項集體行動，以及民主的價值等懷抱堅定的共同信念。當這個信念體系成為主流並根深蒂固，再累進的稅制都有可能順暢運作。而當這個信念體系崩潰，非法避稅的動力就會像掙脫枷鎖般排山倒海而來，而且會被合理化，屆時即使是最老練的租稅主管機關都會疲於應付，再優質的稅法也無用武之地。

這個相信與放棄相信集體行動之價值的故事，正是美國自新政時期以來的租稅系統（這個租稅系統或許堪稱世界史上最累進的租稅系統）發展史。誠如我們所見，這個租稅系統成功對有錢人課了超過三十年扎扎實實的重稅，不只是裝模作樣而已。根據這個租稅系統的設計，真正繳納了一九三〇年代至一九七〇年代期間盛行的八〇％至九〇％最高邊際所得稅的人並不多。不過若計入所有型態的租稅，超級富翁的有效稅率的確超過五〇％，在此同時，非法避稅的情況也獲得有效控制。

小羅斯福在一九三〇年代開創的強制執行策略，有效控制了接下來幾十年的逃稅與避稅行為。他賦予國稅局強制執行這套稅法的精神的必要法律與預算資源。不過，或許更重要的是，他也不厭其煩地向國人解釋為何租稅攸關重大，並訴諸道德來否定非法避稅者。小羅斯福在一九三七年六月一日向國會發表的咨文中提到：「荷姆斯法官（Justice Holmes）表示：『租稅是我們為實現文明化社會而付出的代價。』（這些文字被銘刻在華盛頓特區國稅局總部的入口）然而，卻有太多人妄想用七折八扣的代價來實現文明化。」他要傳達的訊息是：遏制避稅是一個攸關文明化存亡的議題。所以，到一九七〇年代，諸如此類的社會規範，確實有效遏制納稅人從事可疑的非法避稅行為——體現這些規範的法律和監理規定，確實有效防止多數美國人不法利用稅法漏洞圖利。

但新政的租稅系統並不完美。主要的漏洞是，從一九三〇年代至一九八六年，資本利得被課的稅遠比其他類所得低。當一項資產——如股份有限公司的股票——的售價高於原購入價格，就會產生資本利得。因此而獲得的利潤會被納入應稅所得，但美國是以優惠稅率來課這種利潤的稅賦。在最高邊際稅率超過九〇%的時期，資本利得稅只有二五%。[7] 資本利得採優惠稅率的做法有何優缺點，是可以客觀討論的，而我們會在第七章回頭討論這個問題。不過，現階段我們必須說的是，那種政策的顯著缺失之一，就是它鼓勵有錢人設法調整原本的財務事務，改以賺取資本利得形式的所得為重，而較不想要股利或工資等形式的所得。換言之，這個政策創造了避稅的機會。

你可能會以為，既然戰後那幾十年的最高邊際稅率那麼高，非法避稅行為勢必失控。的確，基於租稅目的，有錢人確實無法抗拒將工資與股利等形式的所得轉化為稅率較低的資本利得的誘惑。

但且讓我們看看相關的數據。從一九八六年起，每年的資本利得平均相當於國民所得的四·一%。自一九三〇年至一九八五年，也就是資本利得最高稅率與一般所得最高稅率落差極大的時期，如此巨大的落差讓人更有誘因將一般所得重分類為資本利得（這項比率也才二・二%）。儘管資本利得的租稅利益龐大，但在戰後那幾十年間，資本利得相當於國民所得的占比卻很低。換言之，二十世紀中葉，的確有某些有錢人把一般所得重分類為資本利得，但這樣的行徑並未大規模發生。

為什麼會這樣？因為政府根本不允許那樣的情事發生。當時的人沒有太多方法可將一般所得轉化為貌似資本利得的所得。其中某些方法的主要策略和庫藏股買回的使用有關。當股份有限公司買回自家股票，就會產生和發放股利一樣的效果：現金被搬出公司，進入股東的口袋。這兩種方法都能產生發放現金給股東的效果，但有一個主要差異：這兩種方法的租稅寓意不同：庫藏股買回能讓將股票賣回給公司的股東獲得資本利得。在一九八二年以前，庫藏股買回是不合法的，因為密藏在正式法律當中的社會規範認定，若企業要將盈餘分配給它的所有人，應當以會被課累進所得稅的股利形式分配。[8]

有錢人避稅的另一個方法就是以雇主提供的免稅津貼的形式來賺取所得，像是公司出錢購置的噴射機、豪華辦公室、精美的餐飲，或在鱈魚角（Cape Cod）或亞斯班（Aspen）等地舉辦的公司「研討會」等。這些「好處」比資本利得更難以衡量。不過，在一九四〇年代、一九五〇年代與一九六〇年代記錄企業高階主管生活方式的所有紀實當中，我們找不到任何證據顯示當時那類免稅津貼很常見或非常龐大。經濟學家沙利斯．霍爾（Challis Hall）分析第二次世界大戰後不久的企業高階主管薪酬後，發現「大型企業花在能真正降低高階主管購物成本（從而代表他們的額外收入）的那類『公司買單』型費用的金額可謂無足輕重。」[9] 當今企業執行長的餐飲習性看起來並不比一九六〇年代的企業執行長儉樸，公司噴射機的使用似乎也沒有比較節省。事實上，在一九八〇年代以前，企業高階主管利用公司公款揮霍的行為，並不為社會所認同。[10]

儘管當年的確不時可見避稅的詭計，不過，那些手法都很快就被禁止。一九三五年的稅收法案將最高邊際所得稅提高到歷來首見的七九％。在這項法案頒布後，有錢人開始設法規避這項新義務。小羅斯福總統在一九三七年對國會發表的咨文中，附上了財政部長小亨利．摩根索（Henry Morgenthau Jr.）所寫的一封信，信中條列了當時蔚為風潮但即將被取締的八種避稅手段。其中第一種是「在巴哈馬、巴拿馬和紐芬蘭等企業法規鬆散的低租稅地點成立外國個人控股公司。」一九三六年，已有幾十位有錢的美國人在境外成立空殼公司，並將他們的股票與債券所有權轉移到那些公司。這些空殼公司代他們的業主領取股利和利息收入，讓他們得以逃避美國的稅金。不過，美國政府迅速修改法律，將這些作業列為明確的非法作業。[11] 從一九三七年開始，美國人控制的外國控股公司的全部所得，都會被視同美國的當期應稅所得。於是，藉由持有外國控股公司來避稅的做法，隨即變得毫無意義可言。

相似的，到一九六〇年代，愈來愈多有錢的美國人又開始鑽法律漏洞，大肆以慈善的名義，捐款給他們一手掌控的民間基金會，因為慈善捐款可以抵稅。實際上這些捐款並非使用在「慈善」用途：這些基金會為其創辦人、創辦人的家族或朋友提供補助金，另外也從事和政治目的有關的餽贈。於是，一九六九年的稅改法案破解了這種貪贓枉法的自肥作業，成果立竿見影：在短短幾年內（從一九六八年至一九七〇年），新創立的民間基金會數量大減八〇％。在這次改革之後，有錢人的「慈善」捐贈顯著降低三〇％。[12]

非法避稅行為大爆發

由於小羅斯福總統之後的執政者繼續堅持新政世代的信念體系，所以他的策略奏效。不過，那個情況在一九八〇年代初期發生變化。雷根曾在他一九八一年一月的就職演說中提到：「政府不是問題的解方；政府本身就是問題。」這句話家喻戶曉。某些民眾的確有意逃避繳稅的義務，這無可厚非：當時的稅率過高，明顯「反美」。一九八〇年代初期橫掃美國的新意識形態更認定非法避稅是一種愛國主義行為，因為根據當時再度復活的自由意志論信條，「租稅是一種盜竊行為」，因此非法避稅是一種道德行為。從小羅斯福到一九七〇年代的歷任執政者都不遺餘力打擊避稅產業。但到雷根於一九八一年入主白宮後，這個產業瞬間變成政府允許的產業，租稅庇護業務的狂潮也因此迅速展開。

而且，即使以「狂潮」一詞，都不足以貼切形容當時的盛況。這個產業迅速擴展且壯大。一個由金融創業家、推銷者和廣告商組成的網路，迅速席捲整個市場。其中某些專門以避稅手法為業的業者，甚至要求員工一個星期必須提出一個新點子。[13] 他們個個創意十足，也順利打造了許多開創性的非法避稅方法。國稅局每勒令禁止一個特別惡性的避稅方案，就會同時有好幾個其他惡性方案被提出。這些方案的廣告像牙膏廣告一樣，占據《華爾街日報》（*Wall Street Journal*）及其他主要報紙的金融版面。市場經濟的魔法如火如荼地展開；不過，市場競爭也導致這些非法避稅方案的價格下跌。一如市場經濟體系裡的其他所有產品，這些避稅方案的發明，讓方案本身的生產者和使用這些方案的消費者雙雙獲得巨大的財富。金融業者、推銷者和廣告商賺到佣金收入，而避稅者則順利躲掉了繳稅的義務。經濟學家稱這些利得為「結餘」（surplus），而因這些方案而產生的結餘非常多，只不過，這些結餘全是犧牲社會上其他人的利益而來，一毛也不例外。

雷根時代的代表性產品就是所謂的租稅庇護所——你可以稱之為避稅行為的 iPod。租稅庇護所的運作方式如下：所得稅允許納稅人以業務虧損（business losses）來抵減任何型態的所得。於是，避稅產業開始推銷虧損的公司行號，鼓勵有心人士投資這些除了「虧損」以外一無是處的公司行號。這些公司行號並不是一般的股份有限公司，而是合夥企業，所以無須繳納企業稅。合夥企業的盈餘必須逐年分配給它的投資人（即合夥人），這會使得合夥人的所得增加，並因而使合夥人必須繳納更多個人所得稅，但若合夥企業虧損，合夥人的所得乃至所得稅就會減少。不管誰投資這些虧損的合夥企業——即租稅庇護所——都能申報他依比例所承受的業務虧損。舉個例子，一個高薪員工持有某合夥公司的一〇%股權，而該公司虧損一百萬美元，那麼，這名員工就能扣抵十萬美元的所得——並因此享受到所得稅降低的好處。另外，靠利息或股利收入過活的有錢人，也可以用這個方法少繳一些稅額。

其中某些合夥企業是完全沒有從事任何經濟活動的假公司，它們存在的唯一理由，就是認列可讓公司業主申報所得扣抵的虛假帳面虧損。也有一些企業是真正有營運且有盈餘的企業，不過，它們因稅法的特定條款規定而產生稅損（tax losses），例如石油、天然氣與房地產產業部門的巨額折舊寬減額（depreciation allowances）。雷根時代的第一套稅法：一九八一年經濟復甦租稅法案（Economic Recovery Tax Act of 1981）允許企業加速提列折舊，而這讓這類租稅庇護所的避稅效果變得好上加好。

儘管租稅庇護所產業是在雷根入主白宮前就已存在，但這個產業直到一九八〇年代初期才真正蓬勃發展。且讓我們看看相關的數字：一九七八年時，個人所得稅申報書所申報的合夥企業虧損金額，大約相當於頂層一％所得者總稅前所得的四％。一開始這項比率只是緩慢上升，但接下來便急速增加，到一九八六年，這項損失金額便達到相當於頂層一％族群所得的一二％，達美國所得稅史上最高。從一九八二年至一九八六年，投資人經由租稅庇護所申報的假虧損，超過美國各地實際營運的合夥企業的總盈餘。[14] 那個推估絕對正確：因為所得稅申報資料上的合夥企業淨所得總額——盈餘減去虧損——為負數，這真的是非常獨特的現象。即使是大蕭條期間都未曾出現這種現象。一九八二年那一年的經濟的確是衰退的，但從一九八三年至一九八六年，經濟便復甦且快速成長。然而，由於當時採用租稅庇護所的行為非常盛行，所以整個產業界——從房地產到石油——看起來都好像發生虧損——帳面虧損，也就是可以從業主個人所得中扣抵的虧損。

到一九八〇年代中期，所得稅稅收大幅減少，聯邦所得稅收入——個人加上企業——約當國民所得的比重，降至一九四九年經濟衰退以來的最低水準，而一九四九年的經濟衰退，是美國現代史上最嚴重的衰退期之一。在此同時，一九八二年至一九八六年，聯邦政府赤字上升到相當於國民所得的五％以上，這是第二次世界大戰以來的最高記錄。

非法避稅行為的暴增，最終更助了雷根一臂之力，讓他在一九八六年租稅改革法案的談判中大有斬獲。由於當時財政赤字非常高，故民主黨人堅持任何修法行動都不能導致財政狀況進一步惡化。雷根順應了民主黨的要求：稅率將調降，但因廢除租稅庇護所的緣故，所以稅率的降低並不會對稅收造成任何影響。從此以後，虛假的十萬美元帳面虧損不再能抵銷十萬美元的實際薪資所得。從那時開始，業務虧損只能用來抵減業務利得。[15]

由於一九八〇年代中期的租稅庇護行為極度猖獗，光是填補這個漏洞，就可能讓政府增加數十億甚至數百億美元的稅收。事實也的確如此。這項法律頒布實施後，合夥企業就神奇地不再發生帳面虧損。頂層一％所得者申報的總合夥企業虧損金額約當總稅前所得的比率，從一二％降到一九八九的五％，以及一九九二年的三％。到一九九〇年代初期，租稅庇護所就徹底消失。

避稅與逃稅

到目前為止，市場是人類的所有發明中，最能滿足人類無窮欲望的機構；市場也是供應各式各樣多元產品以滿足數十億人不斷變化的需要的最高效率管道。不過，市場天生就對公共利益不屑一顧。為我們提供愈來愈高效能的手機且愈來愈美味的早餐玉米片的市場，也不斷供應各種不具社會價值或甚至負社會價值的服務：讓社會上某些人致富，但導致其他某些人變窮或甚至所有人集體變得更窮的服務。避稅的市場就是那種市場之一。避稅的市場不會創造任何價值，只是讓有錢人變得更有錢，相對犧牲政府的利益——而政府的利益就是其他所有人的利益。所有風靡一時的非法避稅行為都不是導因於大眾對租稅的突然反感，而是非法避稅市場創意大爆發所造成。

不可否認地，從整個社會的角度來說，租稅律師和租稅顧問公司提供的服務並非全無價值。有些服務能幫助個人和企業了解稅法，釐清含糊不明的問題，而較基本的服務如代替納稅人填寫報稅書表等，也是有價值的服務。這些服務全都是正當的服務。不過，如果租稅律師和租稅顧問公司一味製造能縮減應納稅額的產品，毫無其他任何建樹，那他們就等同竊盜工具的銷售者。至少一九八〇年代以前的人是這麼看待這項活動的：一般人非常排斥銷售非法避稅手段的市場，不允許這樣的市場蓬勃發展。世界上沒有一個市場能我行我素，擺脫所有外界干擾：政府掌握了決定各種市場的存廢的權力，至少政府會決定要嚴厲監理哪些市場。說穿了，是否要容忍避稅，其實只是政府的選擇之一。

談到這裡，就必須接著討論一系列有趣的疑問。首先，如果非法避稅純粹是一種竊盜行為，那麼這個產業要如何為它的正當性自我辯護？

以美國來說，早在累進稅制開始實施後的早期階段，就常聽到一些主張寬容對待非法避稅行為的花言巧語。一九三三年時，《紐約時報》揭露小約翰．皮爾朋．摩根——美國有錢人中的泰斗——在一九三一年與一九三二年都沒有繳所得稅。這位金融家很快就遭到參議院銀行委員會猛烈攻擊，他因此對民主黨人與小羅斯福總統讓非法避稅者蒙羞的情況愈來愈反感。[16] 小約翰．皮爾朋．摩根認為將逃稅和避稅混為一談非常荒唐。逃稅是違法的行為；每個人都認同逃稅是不好的。不過，避稅就不是這麼一回事了：避稅只是個人利用稅法的漏洞來保住更多個人所得的方法罷了。他堅稱，規避漏洞並沒有所謂道德責任的問題；這是政府的責任：如果稅法有漏洞，政策制訂者大可以修補這個漏洞，不應該責怪利用這個漏洞聰明圖利的人。不意外的，小約翰．皮爾朋．摩根堅稱他只避稅，從不逃稅。

直到今天，非法避稅產業主要還是根據小約翰．皮爾朋．摩根的說法來自我辯護。不過，不管是在小約翰．皮爾朋．摩根提出這個說法時或當今時空背景下，這個說法都是錯誤的。為什麼？因為美國——一如其他多數國家——的法律包含一組所謂的經濟實質原則（economic substance doctrine）條款，根據這些條款，任何純粹基於減輕租稅責任（沒有其他目的）而採取的交易都不合法。每個人都了解，非法避稅的市場永遠都搶先政府一步：沒人能預見高薪且具充分動機的租稅會計師與顧問人員，會用什麼方法來規避法律約束，因此也無法就他們的可能行徑防患未然。因此，當局才會以經濟實質原則先發制人剝奪單純以避稅為目的的交易的合法效力。即使為了取得可扣抵租稅的帳面虧損而投資一家假合夥企業，或單純為了非法避稅而在百慕達（Bermuda）成立空殼公司等交易並未遭到法律明文禁止，但這些交易違反經濟實質原則，所以不合法。

當然，我們可能很難得知個別納稅人為何會從事某些特定的交易。有時看似單純非法避稅的計謀，也有可能促成某個正當的經濟目標。另外，政府也會利用租稅系統來促進某些活動，例如鼓勵投資地方政府債券（在美國，這類債券的利息收入免稅）。但給予這些誘因通常是不好的政策，因為基於一些可疑的理由，這項政策會使稅收減少（通常是在特殊利益團體的壓力下），只不過我們也沒有理由譴責利用這些政策誘因來獲取利益的人，關於這部分，小約翰・皮爾朋・摩根說的沒錯。真正的問題出在於很多想必「完全合法」的非法避稅手段——例如在小型熱帶島嶼成立空殼公司等——實際上違反經濟實質原則，所以是違法的。[17]

政治與強制執行的極限

而這引領我們進入第二個根本疑問。如果動輒導致稅收折損數十億美元的交易，實際上是不合法的交易，為什麼這些交易不會被告上法院？是什麼原因導致政府未能強制執行經濟實質原則？

要了解這個難題，我們必須先認清一個事實：租稅主管機關不可能出手調查所有可疑的交易。第一個原因是最根本的資訊問題：要搞懂市場上層出不窮的各種計謀，需要花非常多時間，而避稅產業的「創新能力」輕易就能導致國稅局陷入稽查能量超載的窘境。一九八〇年時，美國的租稅法院就有五千宗和採用租稅庇護所有關的案件等待審理；到一九八二年，非法避稅的狂潮愈演愈烈，待審理的避稅案件迅速增加兩倍，達到一萬五千宗。[18] 租稅法院必須在短短的幾個月內搞懂成千上萬種不同的避稅計謀並做出判決，而這根本是不可能的任務。

另外還有資源的問題。租稅趨避傾向最強的美國人每年不惜花費數十億美元來打造最佳租稅策略，而且他們花在這方面的總費用一年比一年增加。國稅局可用的人力與貨幣資源當然比不上那些富豪，國稅局的可用資源甚至逐年降低。這不僅導致國稅局愈來愈難以找出可疑的計謀，而且難以調查、告發與起訴不合法的交易，當然也就無法剝奪這些非法交易的法律效力。即使國稅局察覺到某些計謀很可疑，那些財大氣粗的納稅人也能聘請最高明的律師（包括曾擔任立法人員的律師）來為這些計謀辯護，將這場合法與否之戰拖延數年之久，從而提高他們打贏官司的機率。

在完美的情境下，租稅規劃產業擁有自律能力，國稅局也無需為了上述問題頭痛。在那樣的情境下，租稅律師和會計師會遵守崇高的道德標準，並將「協助執行法律精神」視為其專業責任；他們將自我克制，避免從事可能違反經濟實質原則的商業化非法避稅行為。然而，問題出在這些律師和會計師是受雇於非法避稅手法的推銷者和消費者，所以所謂的完美情境並不存在，當中存在嚴重的利益衝突問題。

關於這個議題，最顯明的例證之一是：一九八〇年代起激進非法避稅手法的熱銷，以及為此類業務的表面合法性認證的諸多書面法律意見。實質上來說，提供這類意見書的行為和保險詐欺行為無異：每當國稅局認定非法避稅者採用的計謀涉及濫用時，這些意見書總能保護那些避稅者逃過受罰的命運。照理說，租稅律師受道德指導原則（及其良知）約束，有責任提供公平的法律意見。但如果某一項非法避稅行為屬於灰色地帶，那麼，租稅律師在對這項行為的合法性表示意見時，難免會牽涉到很多主觀判斷，而當重金擺在眼前，提供「正確」意見——意思就是掩蓋真相，為最骯髒的計謀說項——的誘惑，就會大到令這些律師難以抗拒。

最後且或許最重要的，當局可能缺乏強制執行租稅的政治決心。最貼切的例子是遺產稅的緩慢失效。雖然遺贈稅稅收在一九七〇年代初期達到家庭淨財富的〇．二%，但從二〇一〇年起，這項稅收每年約當家庭淨財富的比率幾乎只剩〇．〇三%至〇．〇四%，幾乎剩不到原本的五分之一。導致這項比率降低的原因之一是免稅門檻提高，以及最高邊際稅率降低（從一九七六年的七七%降至目前的四〇%），不過，最主要的原因還是強制執行案件的大幅減少。一九七五年，國稅局抽查了一九七四年申報的前兩萬九千大遺產稅案件。但到二〇一八年，二〇一七年申報的三萬四千宗遺產稅案件中，國稅局只抽查其中的八．六%。[19] 由於國稅局明顯投降，所以如果把近幾年遺產稅申報書上載明的財富金額當真，可能會誤以為美國沒有富人，或根本從來沒有富人死亡。如果我們相信遺產稅申報書上載明的財富金額，會以為美國目前的財富分配狀況比法國、丹麥和瑞典更平等。[20]《富比世》（*Forbes*）四百大富人過世後，其繼承者申報的遺產金額，平均只有《富比世》雜誌對那些富人的實際財富估計金額的一半。[21]

這當中出了什麼差錯？答案很簡單，規避遺產稅的情事向來存在。[22] 不過，小羅斯福以後的歷任政府皆以不同程度的熱誠解決了這個問題。但從一九八〇年代以後，投注在這方面的努力可說是微乎其微。遺產稅是唯一的聯邦財產稅，但它卻被反對者污名化為「死亡稅」。遺產稅幾乎堪稱所有聯邦稅捐中最累進的一項租稅——從開徵以來，幾乎超過九〇％的人口都未被課徵這項稅捐。[23] 因此，遺產稅一向是財產神格化（property- sacralizing，也就是一九八〇年代以來形塑美國政治圈生態的不平等主義意識形態〔inegalitarian ideology〕）的主要目標之一。若不先釐清這個政治背景，絕對不可能了解當今遺產規劃產業為何能那麼成功——「慈善」信託的快速增加、評價折扣（valuation discount）的濫用，遑論眾多明文記載的公然（且未被起訴）詐欺行為。[24] 政治影響了強制執行的優先順序，其中最重要的選擇是：是要落實經濟實質原則？還是要容忍以降低個人應納稅額為唯一目標的交易？

強制執行決策是近幾年稅率降低但納稅依從度（tax compliance）卻不盡然上升的根本原因，這和一般人的看法正好相反。當雷根在一九八一年將最高所得稅稅率從七〇％降至五〇％，租稅庇護行為反而激增。即使從一九八〇年代初期後，最高遺產稅稅率降低（從一九八〇年的七〇％降至一九八四年的五五％），且在二〇〇〇年代再次降低（從二〇〇〇年的五五％降至目前的四〇％），遺產稅的非法避稅行為一樣顯著增加。以這兩個例子來說，租稅強制執行的變化——反映更深層的政治與意識形態轉變，而這些轉變已先促使法定稅率降低——戰勝了最高稅率的降低理當帶來的影響——即更高的納稅依從度。[25]

窮人逃稅？富人避稅？

目前逃稅的人是誰？這個疑問很難回答：不合法活動與地下經濟的衡量本就充斥不確定性，然而答案並非完全無跡可尋。有兩個關鍵來源可用來估計逃稅的規模和逃稅的分布狀況。第一個是隨機查稅。除了經常性的稽查行動（這是鎖定最可能作弊的人）外，國稅局每年都會隨機挑選一小組納稅人，查核他們的所得稅申報書。此舉的目的並不是要追蹤哪些人可能非法避稅，而是為了估計租稅缺口有多大——共短收多少租稅——同時更了解逃稅的是哪些人。正是基於這個調查計畫的目的，國稅局才會以隨機的方式挑選要稽查的申報資料。[26]

隨機查稅的效果非常好，能查出未申報的自雇型所得、濫用稅額減免（tax credit）以及所有相對簡單形式的逃稅行為。不過，隨機查稅有一個主要缺點：它不太能逮到超級富豪的逃稅行為。由於查稅是採隨機抽查，所以幾乎不可能偵察到納稅人使用境外銀行帳戶、奇特的信託、隱藏的空殼公司以及其他複雜逃稅形式等刻意逃稅行為。上述多數非法避稅形式是透過合法機構與金融中介機構進行，且當中很多機構的營業據點位於財務極度不透明的國家。為了補強隨機查稅的不足，當局必須使用其他能掌握這類複雜逃稅形式的資訊來源，包括境外金融機構的資訊外洩——例如二〇一六年的「巴拿馬文件」（Panama Papers）洩漏了巴拿馬莫薩克．馮賽卡（Mossack Fonseca）律師事務所的一批內部文件——以及租稅大赦（tax amnesties），即鼓勵逃稅者招供以換取罰則減輕的政府計畫。

美國租稅律師的圈子裡流傳著一句著名的俗語：「窮人逃稅，富人避稅」。根據這個觀點，只有最粗鄙的納稅人會公然違反法律；有錢人則是利用文明與合法的漏洞來降低納稅支出。然而，結合隨機查稅、外洩的資料與大赦數據後便可發現，這句俗語並非事實。誠如圖 3.1 所示，若將各級政府的所有租稅列入計算，美國所有社群都逃避了局部的納稅責任。只不過，有錢人逃稅的狀況似乎比其他人口族群嚴重。從勞動階級到上層中產階級，各個所得分配的應繳但未繳的稅額占應繳稅額的比重相當穩定，大約是一〇%——但超級富豪的這項比率上升到幾近二五%。[27]

要如何解釋這個研究結果？首先，勞動階級和中產階級沒有能力逃太多稅。這些人的多數所得是由工資、退休金和透過國內金融機構取得的投資收益組成。這些所得源頭機構會自動向國稅局申報相關所得者的所得資料，所以這類所得沒有逃稅的可能。所得金字塔底部民眾當然會逃稅——多半是逃漏消費稅（例如透過現金交易的採用）與薪資稅（例如自雇型民眾），而這兩種稅是美國勞動階級繳納的主要稅賦。不過，對絕大多數人口來說，由於雇主、銀行與其他第三方向來會有條不紊地向國稅局申報所得資訊，所以，多數人非法避稅的行為會受到限制。[28]相較之下，隨著一個人的所得水準愈高，透過第三方申報的所得會愈少，逃稅行為因而較可能發生。

逃稅率隨著所得增加而上升的第二個理由——這是主要理由——是：有錢人可以藉助非法避稅產業來規避他們的責任，有錢人在這方面的優勢和社會上其他人呈現明顯對比。隨著時間消逝，非法避稅產業變得愈來愈精英主義導向：目前這個產

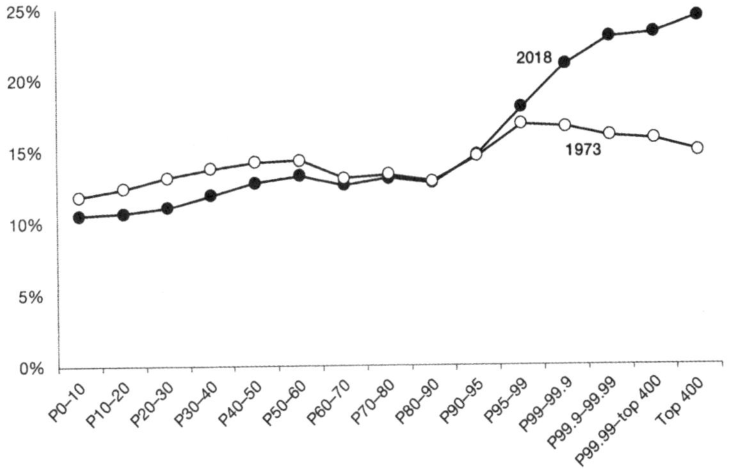

【圖 3.1】有錢人的逃稅率上升
(各稅前所得族群逃稅金額約當其應納稅額的百分比)

附注：本圖描繪一九七三年至二〇一八年間，各稅前所得族群逃稅金額約當其應納稅額的百分比。包含各級政府的全部租稅與稅捐。一九七三年時，各所得族群的逃稅率相當固定。到二〇一八年，有錢人逃稅率較高(大約介於二〇%至二五%)，勞動階級與中產階級較低(逃稅金額大約介於應納稅額的一〇%至一二%)。完整細節請詳taxjusticenow.org。

業鎖定的納稅人比四十年前更富裕。回顧一九八〇年代初期，租稅庇護所的推銷者會在主流報紙上刊登廣告，宣傳他們一手打造的租稅庇護方法。正面來看，這為他們贏得數十萬名客戶，包括醫師、律師、一般員工和有錢人的子嗣等。不過，當年他們一手打造的誆騙手法太過高調，隨時可能遭國稅局查禁。相較之下，現代租稅規劃產業則是透過邀請制的活動，諸如慶祝晚會、高爾夫公開賽與藝術展開幕典禮等，鎖定全球各地的經濟精英。隨著不平等情勢惡化，現在管理巨額財富的銀行以及法律事務所和創立空殼公司、信託與基金會的受託機構，只需要討好少數極端有錢的客戶，就能賺到高額的手續費。[29]

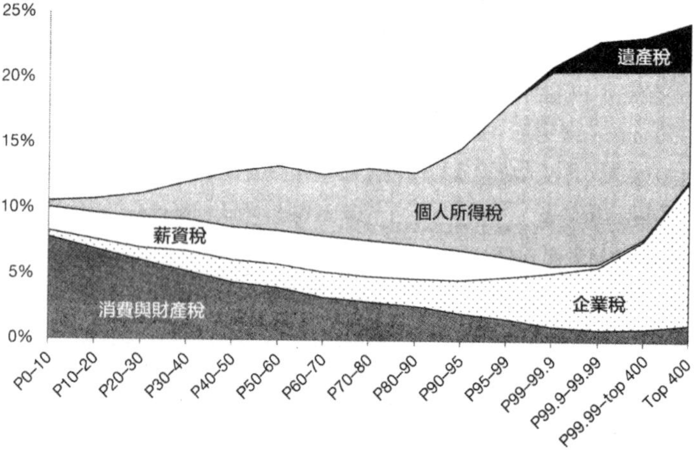

【圖 3.2】俗話說「窮人逃稅，富人避稅」……或者是相反？
（各稅前所得族群之逃稅金額約當應納總稅額的百分比）

本圖描繪二〇一八年各所得族群逃稅金額約當應繳總稅款的百分比。這張圖也說明了各類租稅的逃稅金額。包含各級政府的所有租稅。二〇一八年，富人逃稅率比勞動階級和中產階級高，原因包括遺產稅強制執行不力、跨國企業積極非法規避企業稅，以及境外個人所得逃稅。完整細節請詳 taxjusticenow.org。

那就是一九七三年（國稅局開始實施隨機查稅的第一年）時各所得族群間逃稅率大略相等，但如今逃稅率隨所得分配的上升而上升的關鍵。由於金融產業的去管制化與不平等情勢上升，非法避稅產業的勢力範圍變得愈來愈大，且愈來愈以服務超級富豪為目標。這個演變因兩股並存的趨勢而變得更顯著。第一個趨勢是強制執行的變化，一如和遺產稅有關的討論。第二個趨勢是全球化，全球化開啟了全新形式的非法避稅方法：將企業盈餘轉移到租稅天堂（我們將在下一章詳細研究），以及將財富隱匿到保密性高的司法管轄區等。

跨國大逃稅

助長當今非法避稅行為的核心關鍵是一項強大且萬能的技術：境外空殼公司。境外空殼公司因巴拿馬文件的揭露而在二〇一六年聲名大噪，這種公司就像是多功能工具，可用來規避遺產稅、資本利得稅、一般所得稅、財富稅、企業所得稅、跨國利息、股利與授權金收入的預扣所得稅等。而如果你打算欺騙國稅局、前妻（前夫）、子女、商業夥伴或債權人，境外空殼公司也能派上大用場。如果你要從事內線交易、洗錢、收受不合法的佣金、私下資助某個候選人，或是為恐怖主義集團提供融資，境外空殼公司也能幫上一點忙。作為零和經濟體系（譯注：贏家與輸家的總和為零）的標誌之一，境外空殼公司可說是所向無敵。

一九八〇年代開始，使用這項技術的人急速增加。誠如我們討論過的，一九三六年時，幾名美國有錢人為了規避所得稅而設立登記境外空殼公司，後來國會立法規定，未針對海外所得繳納美國所得稅是不合法的。不過，直到過去三十年，空殼公司的市場才終於爆發性成長。且讓我們看看莫薩克．馮賽卡事務所，拜巴拿馬文件外洩事件之賜，我們才能取得這家事務所的極完整數據。從莫薩克．馮賽卡事務所在一九七七年成立後到一九八六年，它每年共設立登記數百家空殼公司。從一九八六年至一九九九年，每年設立登記的空殼公司達到數千家。而從二〇〇〇年至二〇一〇年，每年更設立登記一萬家以上。金融危機過後，新企業設立登記家數略微降低到低於每年一萬家。到二〇一六年資料外洩時，光是莫薩克．馮賽卡一家事務所，就共在二十一個境外金融中心設立登記了二十一萬家公司，其中最主要的地點是英屬維京群島和巴拿馬。[30] 全球究竟有多少家活躍的空殼公司？實際上並沒有可靠的估計值可參考，不過，這類公司的數量很可能介於數十萬家至數百萬家之間。

在美國，拜保羅．曼納福特（Paul Manafort）的詐騙行為所賜，空殼公司再次變得聲名狼藉。二〇一八年八月，維吉尼亞州的法院陪審員發現，身為川普總統前競選團隊主席的曼納福特，忘記就幾名烏克蘭政治寡頭匯到他在賽普勒斯（Cyprus）的銀行帳戶的數百萬美元申報所得稅。一如世界各地的逃稅人士所使用的絕大多數境外銀行帳戶，他在賽普勒斯開立的帳戶，表面上也隸屬幾家在免稅地點設立登記的空殼公司。為什麼？因為空殼公司的存在，銀行帳戶和這些帳戶的實際所有權人之間就不存在直接的關聯性，而因此產生的財務不透明，使得租稅主管機關、調查機關和監理機關較難以得知這些帳戶的實際所有權人。瑞士向來是全球境外財富管理的集散中心，在當地，有超過六〇%的外國人財富是透過空殼公司持有，而這些空殼公司主要是設立登記在英屬維京群島與巴拿馬。[31]

肥咖條款的教誨

長期以來，一般人並不怎麼認同「當局能有效打擊境外逃稅行為」的概念。畢竟瑞士就和其他所有主權國家一樣，有權採用它本身的法律；如果瑞士要強制執行嚴格的銀行保密機制，禁止該國的金融機構對外分享客戶資訊，那有什麼方法能要求它改變？

不過，這個改變終於在二〇一〇年發生，因為美國國會通過「外國帳戶租稅依從法案」（Foreign Account Tax Compliance Act ，即俗稱的「肥咖條款」〔FATCA〕），並經歐巴馬總統簽署成法；這項法案強制外國銀行必須自動和美國國稅局交換資料。世界各地的金融機構從此必須辨別哪些客戶是美國公民，並將這些美國公民的帳戶財產與帳戶收入等資訊提供給美國國稅局。未參加這項計畫的金融機構會遭受嚴厲的經濟懲罰：轉入不合作的金融機構的所有股利和利息收入，都會被美國課徵三〇％的稅。這樣的威脅促使幾乎所有國家同意實施這項法律。後來很多其他國家效法美國，和各租稅天堂達成類似的協議，所以，從二〇一七年開始，「銀行資訊自動分享」已成為一項全球標準。主要的租稅天堂包括盧森堡、新加坡和開曼群島都參與這項全新形式的國際合作。

儘管現階段針對這項政策的成果進行量化評估仍言之過早，但這項政策確實在性質上大大偏離了早期的做法。在大衰退（Great Recession）前，租稅天堂的銀行業者和其他國家的租稅主管機關之間，幾乎未進行任何資料交換。[32] 在那樣的背景之下，有心人士能輕而易舉地將財產藏匿在海外。但時至今日，想要把財產藏匿在海外，需要更神通廣大的手段與更多的決心。

但這個新體制並不完美。所以，若你相信幾十年來經由空殼公司為客戶進行掩護、利用牙膏走私鑽石、將銀行報表藏在運動雜誌再祕密交給客戶等的那一批銀行從業人員，會從此徹底誠實和世界各地的租稅機關合作，那你就太過天真了。目前的財務不透明度依舊非常高，境外銀行從業人員也能輕易假裝他們沒有美國或法國客戶，宣稱他們只管理「屬於」巴拿馬或巴哈馬空殼公司的帳戶，因而不寄送任何資訊給攸關的主管機關。儘管如此，我們還是有必要了解二〇〇〇年代中期迄今（當時銀行業普遍堅持保密且不願意合作）所獲得的進展。

關鍵的教誨總是一次又一次發生：以往符合常規的作業，

未來隨時可能被取締。儘管很多人認為不可能，但新型態的國際合作確實有可能在相對短時間內實現。逃稅並非不可改變的命運，追求更大租稅正義的專案也絕非注定失敗。容忍逃稅行為是我們集體的選擇，而我們絕對能做出其他選擇。

第四章

歡迎光臨租稅天堂

那是華盛頓特區的一個冷冽冬日，典禮因此改在室內進行。二〇一七年十二月二十二日，川普總統在橢圓形辦公室將減稅與就業法案（Tax Cuts and Jobs Act）簽署成法——「這是史上最大減稅、最大改革」。這份法案的關鍵特色是，企業所得稅由三五％降至二一％。支持者相信，這項法案將刺激經濟成長並創造就業機會。不過，即使是不認同上述樂觀預測的人，都承認這項改革來的太晚，因為企業所得稅早已破產。一九九五年至二〇一七年間，儘管聯邦企業所得稅稅率維持不變——三五％，且企業盈餘成長速度超過經濟成長，企業所得稅稅收（相當於國民所得的比率）卻降低了三〇％。原因是巨額的盈餘被轉移到低租稅地點。美國企業在百慕達、愛爾蘭和其他境外租稅天堂累積的盈餘超過三兆美元。[1] 非法避稅的市場充滿各式各樣的創新，而租稅主管機關則徹底被打敗。這個情況是否似曾相識？

美國絕大多數的政治、經濟與知識分子精英都認為降低企業稅稅率是正確的。歐巴馬總統在任期間，也提倡將企業所得稅稅率降至二八％，並主張製造業的稅率應降至二五％。川普的改革並不像雷根的一九八六年租稅改革法案般獲得兩黨政治人物的齊心熱烈支持：民主黨的立法人員認為二一％的稅率過低，也反對該法案對個人所得稅的調整，所以並未投票支持這項法案。但多數立法人員普遍認同，較低的企業稅稅率是適當的。那樣的意見和富裕國家多數政策制訂者的意見一致。當川普的法案獲得通過，法國總統伊曼紐・馬克宏（Emmanuel Macron）便誓言將二〇一八年至二〇二二年的企業稅稅率從三三％降至二五％。英國則是走在其他國家之前：早在二〇〇八年，工黨籍首相戈登・布朗（Gordon Brown）就開始降低稅率，目標是要在二〇二〇年將稅率降至一七％。在那個議題上，世界各地諸如布朗、馬克宏和川普之類的政治領袖都有志一同：由於全球市場的贏家隨時都在遷移，所以不能向他們課徵太多稅金。其他國家正在降低稅率，所以我們也必須降低稅率。谷歌已將它的智慧財產——乃至該公司的多數盈餘——搬到百慕達嗎？那麼我們就必須為該公司提供租稅誘因，鼓勵它把智慧財產搬回美國。

這樣的世界觀有一個問題。如果全球化代表全球化的主要贏家——大型跨國企業的股東——的稅率將愈來愈低，被全球化遺漏的人——勞動階級家庭——的稅率愈來愈高，那麼，全球化可能會沒有未來。因為在那個情況下，租稅不正義和不公平等將持續惡化，最後的結局將是如何？到最後，可能會有愈來愈多的選民誤信「全球化」與「公平」是不相容的，並在保護主義者與排外政治人物的操弄下，成為最大的受害者；如此一來，全球化本身最終更將面臨自我毀滅的巨大風險。

想當年……大企業繳很多稅

從二十世紀展開時設置企業所得稅後至一九七〇年代末期，大型企業並沒有規避非常多稅賦，那並不是因為它們缺乏機會避稅——從二十世紀展開後，主管跨國企業稅制的法律並沒有太大改變。不過，當年的兩個要素抑制了避稅的行為。第一個要素是：小羅斯福和後來的執政者採用前瞻性的強制執行策略、讓非法避稅責任的人感到恥辱以及訴諸道德等，限制企業的非法避稅行為，這個做法和因應個人非法避稅行為的做法相同。

不過，更重要的是，以前的企業高階主管對自身職責的看法與期許，不同於當今的企業高階主管。在當今的美國，約定成俗的觀點認定企業執行長的目標是要想盡辦法讓自家公司的股價上漲。根據那樣的世界觀，大型企業不過是集合眾多投資人資源的聚合體罷了。雖然某些企業領袖可能哀嘆他們因維權（activist）股東的掣肘而跛腳，卻也一致認為他們責任是要促進「股東價值最大化」。而非法避稅無疑能提升股東價值。企業繳納的稅金較少，代表可用來分配股利給股東或買回庫藏股的稅後盈餘較多。

不過，並非全球各地的企業都秉持這個「股東至上」原則，由世界各地企業董事會組成要素的多元化便可見一斑。在很多國家，企業員工代表掌握了董事會三分之一的席次；以德國來說，大型企業的員工代表更掌握公司一半的董事席次。[2]

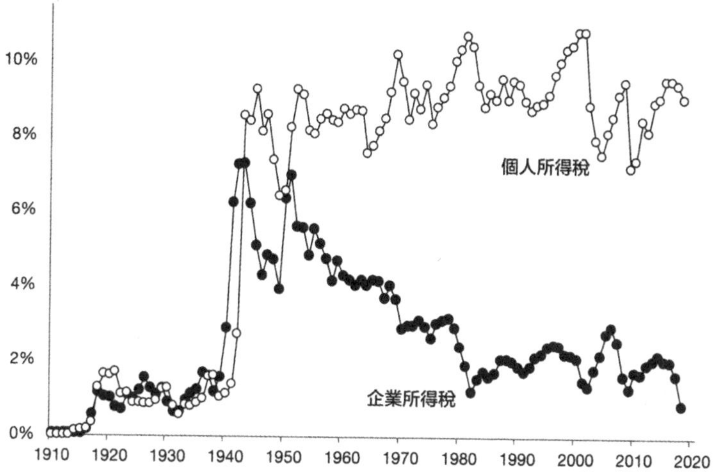

【圖 4.1】企業稅的慢性痛苦
（聯邦企業稅與個人所得稅稅收，約當國民所得的百分比）

附注：本圖描繪了一九一三年以來，聯邦企業稅稅收與聯邦個人所得稅稅收約當國民所得的百分比。第二次世界大戰期間，企業與個人所得稅稅收雙雙遽增。第二次世界大戰後，個人所得稅稅收維持穩定（大約是國民所得的一〇％），而企業所得稅稅收則逐漸降低。至二〇一八年，聯邦企業稅稅收大約僅剩國民所得的一％，為大蕭條以來最低。完整細節請詳 taxjusticenow.org。

一九七〇年代以前，美國大企業的勞工代表雖未能進入董事會，但至少一般認為大企業必須為業主以外的廣大利害關係者負責，這些利害關係者包括員工、顧客、社區和政府。[3] 就我們的目的來說，這樣的觀點隱含一個重要的寓意：以前的企業高階主管不會將非法避稅視為己任，而且不會編列高額的租稅規劃預算。五十年前，奇異公司雖已是一家橫跨全球的綜合企業集團，卻沒有像近年來那樣聘請上千名租稅律師來為它效勞。

且讓我們看看相關的數據：一九五〇年代初期，聯邦企業所得稅稅收約當國民所得的六%，幾乎和個人所得稅稅收一樣多！誠如我們在第二章討論的，直到一九七〇年代，企業稅稅收占有錢人納稅金額的大宗，所以，企業稅是促成整體美國租稅體系累進性的關鍵要素之一。

但我們也必須謹慎，不能過度誇大企業稅的貢獻。一九五〇年代初期的高企業稅稅收，局部是幾個例外情境所造成。在韓戰期間，美國政府恢復課徵超額盈餘稅（曾在兩次世界大戰中開徵的稅捐），也就是在原本的四七%法定稅率以外，再加徵三〇%的盈餘稅；這項附加稅確實使一九五〇年至一九五三年的稅收增加。這項附加稅廢除後，企業稅稅收約當國民所得的比率，在一九五〇年代末期至一九六〇年代間，持穩在四%至五%的水準。

儘管如此，我們還是必須理解，四%至五%的占比還是遠比目前高：經歷過川普租稅改革的餘波後，目前聯邦企業稅稅收約當國民所得的比重僅剩大約一%。換言之，企業稅在半個世紀內降低為原本的四分之一。究竟這段時間發生了什麼事？

盈餘移轉的起源

一九六〇年代末期與一九七〇年代初期，在通貨膨脹上升與企業盈餘降低的背景下，企業所得稅出現第一波下降。在這之前的一九五〇年代至一九六〇年代末期，由於美國企業幾乎無須應付來自歐洲和日本企業的競爭，獲利能力非常強。不過，從一九六九年與一九七〇年開始，這個情況漸漸改變，當時美國政府為了降低因越戰而起的預算赤字而增稅，加上聯準會為了打擊通貨膨脹而緊縮利率，導致經濟陷入衰退。企業獲利能力降低的趨勢一直延續到一九七三年的石油危機，那一場危機導致經濟陷入嚴重衰退，利率也在一九七〇年大幅上升。由於利息可抵稅，所以高利息支出導致稅基降低，企業稅稅收因而減少。

繼這些總體經濟影響之後的是一九七〇年代末期與一九八〇年代上半期協助企業非法避稅產業的興起——在此同時，租稅庇護產業也基於相同的意識形態背景而大幅膨脹。

當時高所得的個人時興以假合夥公司作為租稅庇護手段，那麼，股份有限公司又是用什麼工具來進行非法避稅？荷屬安地列斯（Netherlands Antilles ）金融公司。舉個例子，一家美國企業可以在阿魯巴（Aruba）、波奈（Bonaire）或庫拉索島（Curacao）成立一家子公司。接下來再指示這家子公司，以現行利率——大約三％——向某歐洲銀行借錢，並以遠高於前者的利率（大約八％），將這些錢借給美國的母公司。[4] 這個花招的好處有兩面。這家境外金融公司可以賺到五個百分點的利差，而由於荷屬安地列斯不課徵所得稅，所以，這筆所得將免稅。更重要的是美國母公司得到的利益：由於它的利息支出可自企業所得稅稅基中扣除，所以它支付給這家安地列斯關係企業的費用，能使它應繳納給美國政府的租稅金額降低。一如假合夥公司，這種令人髮指的非法避稅手段最終在一九八〇年代中期被主管機關查禁。

要全面了解企業避稅行為為何如此盛行，必須觀察一九九〇年代中期的情況。避稅與非法逃稅行為的蓬勃發展並不是自發性的；誠如我們在前一章討論的，這些行為多半是受推銷非法避稅手段的人所催化。而且，避稅產業的運作並非完全不受外界影響：意識形態、經濟與法律背景對這個產業的運作攸關重大。在一九九〇年代，上述幾項背景全部有利於這個產業的發展。當時柏林圍牆剛倒塌不久；自由市場概念勝出。在一九八〇年代被灌輸「股東至上」概念的新一代企業高階主管，陸續成為美國跨國企業的掌舵者。

在此同時，全球化為節稅一族開啟了全新的機會。直到一九八〇年代，美國企業的海外盈餘約當其盈餘總額的比率還不到一五％。當一家公司的所有顧客都在美國，它到英屬維京群島設立空殼公司的行徑，自然會引來租稅主管機關的懷疑。然而，到一九九〇年代中期，美國企業的海外盈餘占比暴增，在二十一世紀的第一個十年期間，企業海外盈餘就達到總盈餘的大約三〇％。盈餘移轉（profit-shifting）的狂潮可能從這時就已盛大展開。情勢的發展如下：

歡迎來到「百慕蘭」

盈餘移轉行為是利用主管跨國企業稅制的法律體系的弱點圖利。這個法律體系是在一九二〇年代設計，也就是企業稅開創後不久設計，更重要的是，它的設計迄今大致上並沒有改變。[5]這個法律體系信奉「應以獨立實體的角度來對待跨國企業的每一家子公司」的見解。舉個例子，基於租稅目的，蘋果愛爾蘭公司必須被視為一家不同於蘋果美國公司的獨立企業。蘋果愛爾蘭公司獲取的任何盈餘，都必須在愛爾蘭被課稅，而蘋果美國公司的任何盈餘則必須在美國被課稅。

問題很簡單：由於愛爾蘭的企業稅稅率（法律規定為一二．五％，但實務上通常遠低於此）低於美國（二一％，這還不包括州企業稅），因此若蘋果公司將它的盈餘認列到愛爾蘭而非美國，它的餘裕自然會比較多，而且，蘋果公司有非常多機會可做到這一點。當然，目前也有一些規定對特定跨國企業集團將全球盈餘分配到各地子公司的行為設限。理論上來說，企業在決定盈餘認列地點時，必須根據公平獨立交易原則（arm's-length principle），經由內部的商品、服務與資產交易來進行——也就是把各不同的子公司視為獨立實體；在這個過程中，各子公司必須依照商品、服務或資產的主流市場價格進行所有交易。然而在實務上，拜非法避稅產業之賜，跨國企業大體上都能自由決定要採用什麼價格進行內部交易（乃至要將盈餘認列在什麼地點）。

一九九〇年代時，非法避稅產業開始卯力向跨國企業推銷一種具備特殊優點的內部資產與服務交易模式——無市場價格的資產與服務的交易。諸如企業識別標誌、商標和管理服務等資產和服務，並沒有顯而易見的市場價值可言，所以，當局不可能針對這些資產和服務強制執行公平獨立交易原則。蘋果公司的企業識別標誌的價格是多少？答案不得而知：畢竟這項企業識別標誌未曾在任何市場銷售過。耐吉公司（Nike）最具代表性的「鉤鉤」圖像的價格是多少？谷歌公司的搜尋與廣告技術的價格是多少？由於這些企業識別標誌、商標和專利從未在外部交易，所以企業能自由選擇任何它們認為合適的價格。

非法避稅產業向這些企業推銷「全套」式產品：花樣百出的集團內部交易，以及那類交易的「正確」移轉價，而且是經認證的價格。實務上，他們採用的移轉價格通常是能讓跨國企業集團獲得最大節稅效果的價格。提出移轉價格建議並為價格認證的會計師，其實是跨國企業本身花錢委託來的。這一切作為的結果是什麼？拜集團內交易激增且交易本身採用的價格經過精心調整之賜，設立在低稅率地區的子公司所認列的盈餘頻創新高，而高稅率地區子公司的盈餘則明顯降低。

且讓我們舉幾個例子來說明這些手法的實務運作方式：

谷歌公司在二〇〇四年八月成為公開掛牌企業，它在二〇〇三年將自家的搜尋與廣告技術賣給它在愛爾蘭設立登記的子公司——「谷歌控股公司」（Google Holdings），但基於它在愛爾蘭的租稅目的，這家子公司其實是百慕達（位於大西洋的一座小島）的租稅居民，換言之，該公司的「精神與管理」（「mind and management」，譯注：即董事會、法遵與審計等功能）理當位於百慕達。這項移轉交易的價格並非公開資訊。想當年，美國企業所得稅在一九〇九年創設時，法律規定企業的應稅所得必須公開揭露——當然是為了防杜逃稅行為。不過，國會在一九一〇年撤銷這項強制公開揭露規定，從那時迄今，美國企業巨擘的租稅事務對外都是「最高機密」。

儘管如此，不用想也能輕易猜出谷歌控股公司當年為取得谷歌的技術而付出的價格應該是相當合宜。為什麼？因為如果它支付的價格很高，谷歌公司二〇〇三年在美國繳納的稅金應該會很高。不過根據該公司二〇〇四年向證券交易委員會（Securities and Exchange Commission）申報的公開說明書，那一年它在全球繳納的稅金共僅二．四一億美元。[6] 即使該公司公告的全部租稅支出都導因於它將無形資產出售給百慕達子公司的那一筆交易（這是不可能的，因為谷歌繳納的稅金很可能還來自其他各種理由），也意味這些無形資產的售價還不到七億美元。從那時開始，這一項資產已衍生了數百億美元的營收，而對那樣一項資產來說，區區七億美元不到的交易價，真的一點也不高。光是在二〇一七年（可取得最新資訊的年度），百慕達谷歌控股公司的營收就達到二二七億美元。它的營收怎會那麼高？因為該公司是谷歌某些最珍貴技術的合法所有權人。谷歌控股公司將這些技術授權給歐洲各地的谷歌關係企業使用（它在亞洲也採用相似的手法，只不過是以谷歌新加坡公司的名義，而非谷歌百慕達公司）。谷歌的德國或法國子公司為了取得使用所謂「百慕達技術」的權利，必須支付數百億美元的權利金給谷歌控股公司，這使得谷歌在德國與法國的稅基降低，而谷歌百慕達的稅基則等額增加。[7]

那麼，百慕達的企業稅稅率是多少？——〇%。

就這方面來說，歐洲企業也不遑多讓。二〇〇四年，也就是谷歌將它的智慧財產移轉到百慕達後幾個月，一位瑞典人與一位丹麥人共同創辦的 Skype 公司，也將該公司多數的 IP 語音傳輸技術，移轉給一家在愛爾蘭設立登記的子公司。Skype公司這個個案最有意思的部分是，拜「盧森堡洩密」（LuxLeaks）——普華永道會計事務所（PricewaterhouseCoopers，譯注：台灣的盟所為資誠聯合會計師事務所）大量重要機密文件在二〇一四年外洩——之賜，我們才能得知這項交易的細節。根據普華永道的資料，這項即將造成傳統電訊市場板塊大移動的開創性技術究竟值多少錢？總共才二萬五千歐元。[8]而在二〇〇五年九月，也就是這項交易完成後幾個月，電子海灣公司（eBay）竟以二十六億美元買下Skype。

谷歌公司和Skype在同一時期將其智慧財產賣給介於愛爾蘭與百慕達之間的某地的做法並非偶然。大約在二〇〇三年至二〇〇四年間，這個手法是避稅產業的最佳非法避稅選擇。一如谷歌，Skype也接獲相同的建議：在股票公開掛牌或被另一家公司收購前，趕快移轉價值不菲的資產。理由是什麼？因為等到市場評估你價值數十億美元時，你比較難假裝你的核心技術幾乎毫無價值可言。

我們可透過這些例子發現，非法規避企業稅（不管外界怎麼形容這種行為）可謂輕而易舉。就其本質來說，這牽涉到操縱集團內部交易商品（像是蘋果的 iMacs）、服務（例如某一家美國企業向位於瑞士的一家關係企業購買「經營管理建議」）、資產（像是谷歌將其搜尋與廣告技術賣給它的百慕達子公司）或貸款（像是一九八〇年代初期在荷屬安地列斯形成狂熱的現象）等的價格。俗稱「四大會計師事務所」的德勤（Deloitte）、安永（Ernst & Young）、畢馬威（KPMG）和普華永道，在世界各地提供眾多經由這些計謀衍生的各種不同非法避稅手法，而這些手法都能產生一個相同的結果：帳面盈餘最終被認列在設於低租稅地點的子公司，而這些子公司聘請的員工較少，使用的資本也很少。

四〇%的跨國企業盈餘

拜美國經濟分析局（Bureau of Economic Analysis，以下簡稱 BEA）一套精密的統計系統之賜，我們得以追溯過去半個世紀以來，美國跨國企業盈餘移轉的演變。美國企業依規定每年必須向 BEA 報告詳細的營運資訊，尤其是這些企業在世界上每個國家認列了多少盈餘以及繳稅金額。

直到一九七〇年代末期，美國跨國企業雖面臨高達五〇%的企業所得稅，卻鮮少利用任何境外租稅天堂避稅。其中某些企業的確在瑞士設有辦公室，或是在一些小型加勒比海島嶼設立控股公司，但整體而言，這些境外辦公室或控股公司涉及的金額可說是微不足道：大約九五%的美國企業海外盈餘是在高租稅地點認列，主要是加拿大、英國和日本。[9] 由於一九七〇年代末期企業界突然頓悟荷屬安地列斯的好處，盈餘移轉的情況開始增加。一九八〇年代初期，美國企業在各租稅天堂認列的海外盈餘金額，大增到海外總盈餘的二五%。然而，即使這些企業將四分之一的海外盈餘移轉到租稅天堂，移轉金額相較於總盈餘（美國國內加海外）而言還是相當低。到最後，荷屬安地列斯那一波狂熱並未對美國企業巨擘的全球納稅金額產生顯著的影響。直到一九九〇年代末期，盈餘移轉的規模才真正變得意義重大。

相較之下，如今美國跨國企業的海外盈餘高達六〇%是在低租稅國家認列，且比例持續增加。所謂低租稅國家究竟是哪些？主要是愛爾蘭和百慕達。遺憾的是，我們無法確認更精準的地理位置：誠如谷歌（目前稱為 Alphabet）的例子所示，這兩個島嶼間的邊界並不清晰，所以，在研究盈餘移轉的地理問題時，最好將這兩者視為位於大西洋的同一個國家——我們決定稱之為百慕蘭。

二〇一六年，美國跨國企業認列到百慕蘭的盈餘，超過這些企業認列到英國、日本、法國和墨西哥等國的總盈餘。也有非常高額的盈餘被認列到波多黎各，因為當地的有效稅率非常低，僅一・六%。這片領土不適用美國企業所得稅，所以長久以來，它就是非法避稅者的目標之一，這些非法避稅者包括諸如亞培（Abbott）等製藥業巨擘，乃至諸如微軟等科技公司。接下來是荷蘭、新加坡、開曼群島和巴哈馬：美國跨國企業在這些領土認列的盈餘，超過它們在中國或墨西哥認列的盈餘。最後一個（但不是最不重要的）怪誕現象是，二〇一六年，美國企業將超過二〇%的非美國盈餘認列到「無國籍實體」——也就是未在任何地方設立登記的空殼公司——所以這些盈餘也沒有在任何地方被課稅。[10] 實質上我們可以說這些企業已找到一個在堪稱另一個星球（本質上來說）的地方賺一千億盈餘的方法。

並非只有美國跨國企業將盈餘移轉到低租稅地點：歐洲與亞洲企業也不遑多讓。各方爭先恐後採取這些作為的結果，就是各國多多少少都竊取了其他國家的一部分稅收。美國企業剝奪歐洲和亞洲政府的稅收，但歐洲與亞洲企業也對美國政府還以顏色。近幾年的一份研究估計，當今全球各地所有跨國企業的四〇％盈餘認列到租稅天堂（即企業在設立登記國以外之處賺得的盈餘，例如蘋果公司在美國以外獲得的盈餘，或是福斯汽車在德國以外獲得的盈餘）。[11] 這筆金額相當於在美國、法國或巴西賺得的大約八千億所得，最終被認列到開曼群島、盧森堡或新加坡，並在這些地方被課徵介於五％至一〇％稅率的低稅賦。在這場全體跨國企業對抗全體國家的戰爭，美國跨國企業似乎最膽大妄為：它們每年將六〇％的海外盈餘移轉到境外租稅天堂，高於全球的移轉平均值的四〇％。

經濟體系各產業部門的跨國企業都可見這種盈餘移轉行為。由於跨國企業擁有較多無形資本，而無形資本較能輕易轉移到海外，所以有人認為科技業巨擘是主要的始作俑者（因此也認定只需要設法對科技業巨擘課稅就好）。的確，矽谷的企業確實廣泛使用租稅天堂。不過非法避稅行為在製藥產業也普遍可見（輝瑞〔Pfizer〕），在金融業（花旗集團〔(Citigroup〕）、製造業（耐吉）、汽車業（飛雅特〔Fiat〕）與奢侈品業（開雲集團〔Kering〕）也時有所聞。[12] 為什麼？因為在四大會計師事務所的鼓吹之下，任何企業都有可能創造屬於它的無形資產（企業識別標誌、專業技術、專利），接著再以武斷的價格，將這些無形資本賣給它自己。任何企業也同樣能向它位於低租稅地點的子公司採購定義曖昧的服務。誠如我們將在下一章詳細討論的，這些問題有解決方案，只是我們未能落實這些解決方案罷了。近年來已有許多歐洲國家對數位企業的營收課稅，但我們需要的是更全面的矯正方案。

遷移到租稅天堂的是什麼？

某些人為了證明將巨額盈餘認列到租稅天堂的合理性，經常辯稱這一切只是租稅競爭的結果之一。[13] 根據這個觀點，企業只不過是順應各地不同稅率的差異，將營運活動搬遷到低租稅地區罷了。它們將工廠搬到愛爾蘭，將研發團隊搬到新加坡，銀行辦公室搬到大開曼島的喬治城。總之，這些人主張這一切都是全球化所造成。

然而，各項數據顯示這個觀點說不通。數據顯示，大致上來說，過去幾十年，轉移到低租稅地區的主要只有帳面盈餘，不是辦公室，不是勞工，也不是工廠。美國跨國企業在美國以外雇用的一千七百萬名勞工當中，大約有九五％是在相對高稅率的國家工作，主要是在英國、加拿大、墨西哥和中國，研發部門的雇員尤其更是如此，九五％的這類雇員是在高租稅國家工作。其中確實有某些人（略低於一百萬人）在租稅天堂工作，且多半是在歐洲的租稅天堂。舉個例子，有十二萬五千人受雇於愛爾蘭的實體。相較於愛爾蘭的總勞動力規模（大約兩百三十萬人），這樣的數字並非無足輕重，而且這些跨國企業設立在愛爾蘭的事實，也為那個國家帶來實質的利益（不僅是稅收的利益）。不過，這些人口只有愛爾蘭的鄰國英國受雇於美國企業的人數的十五分之一左右，而進入二十一世紀後，英國的企業稅稅率平均向來是愛爾蘭的兩倍以上。

儘管租稅競爭的歷史已延續數十年，到現在還是沒有明顯證據可證明生產活動有大規模搬遷到租稅天堂。取而代之的，美國大企業在新興經濟體大肆擴展它們的活動。目前這些企業超過三分之一的海外勞工（即大約六百萬人）是在中國、印度、墨西哥和巴西等國家受雇於這些企業。

觀察企業廠房、設備和辦公大樓等有形資產的所在位置，也可歸納出相同的結論。其中多數資產並不是位於低租稅地區，而是位於勞工所在之處。只有一八%的美國企業的海外有形資本存量是位於低租稅地點；剩下的八二%位於高租稅國家。這和我們先前的研究結果：即接近六〇%的美國企業海外盈餘是認列在租稅天堂，呈現鮮明的對比，也可歸納出一個顯而易見的結論：轉移到租稅天堂的不是生產活動；而是企業的帳面盈餘。

企業在決定營運據點要落腳何處時，無疑會考量租稅與其他很多因素。有證據顯示，目前租稅考量的重要性甚至比幾十年前更關鍵。位於租稅天堂的資本存量正持續增加，如圖 4.2 所示；跨國企業在低租稅地區的資本存量的成長速度，甚至超過在這些地區雇用的員工人數成長率。這顯示當今的大企業可能比以前更願意為了節稅而搬遷廠房與辦公室。情況也清楚顯示，在愛爾蘭等特定租稅天堂，低租稅不僅有助於吸引企業將帳面盈餘轉移到當地，也有助於吸引企業將實際營運轉到這些地點。

儘管如此，我們可以從這項可用資訊歸納出一個重要的結論：從全球的視角而言，將資本重新遷移到低租稅地區的情形，並不像一般想像的那麼普遍。實際上避稅行為並沒有暴增，但逃稅的風氣持續蔓延。主要的租稅天堂如百慕達、免稅的加勒比海小島或是馬爾他，都只吸引到帳面盈餘，當地並沒有實質的企業活動發生。而相較於企業將盈餘大規模轉向這些金銀島的情況，資本轉移到諸如愛爾蘭等租稅天堂的規模依舊非常小。即使外國跨國企業在愛爾蘭購置辦公室，都可能只是為了隱匿被人為轉移到這個島國的盈餘而採用的障眼法，換言之，那些辦公室只是用來彰顯企業轉移其盈餘的表面正當性，看似有形資本轉移的數據，可能只是為了要掩蓋真相而刻意營造。

當今非法規避企業稅的企業也附和小約翰・皮爾朋・摩根的那一番說法，藉此自我辯護：這麼做完全合法；世界各地的大企業都信守法律；這一切都是各國政府的錯，因為各國政府未能維持同步的稅法。舉個例子，蘋果公司在愛爾蘭繳納的稅金相當於一％的有效稅率，所以歐盟委員會（European Commission）命令該公司將它非法規避的數十億美元稅金還給都柏林。蘋果公司認為這個命令很誇張：「不管是在營業所在地的愛爾蘭和其他所有國家，蘋果公司都恪遵當地法律，且繳納所有應繳的稅賦。」[14] 那麼，耐吉公司將數十億授權金移轉

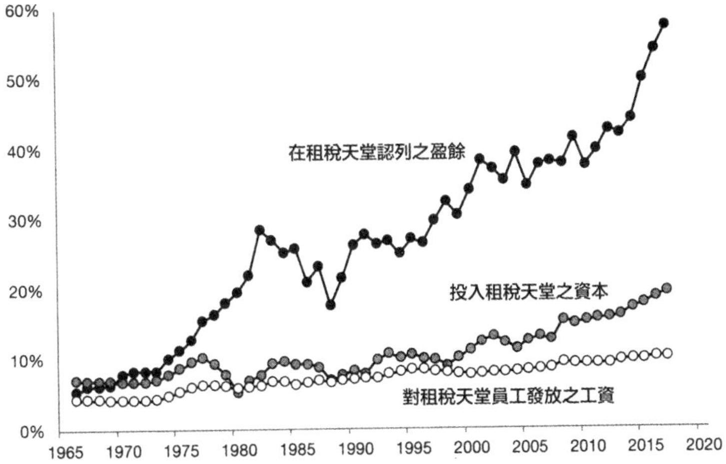

【圖 4.2】帳面盈餘正移轉到租稅天堂；實際活動的移轉則較少（美國跨國企業在租稅天堂的外國盈餘、資本與工資占比）

附注：本圖描繪一九六五年以來，美國跨國企業在租稅天堂認列之盈餘、持有之資本與發放之工資的演變，以相當於美國跨國企業外國（即非美國）總盈餘、資本及工資之百分比表達。認列到租稅天堂的外國盈餘已從一九六〇年代的不到五%，大幅增加到當今的幾近六〇%，但勞工和資本轉移到租稅天堂的程度，完全比不上盈餘認列的狀況。完整細節請詳 taxjusticenow.org。

到它設在百慕達的免稅空殼公司又該怎麼說？沒什麼好說的，一樣是「耐吉公司完全遵守租稅監理規定。」這些企業一貫認定有問題的是全球政策制訂者。谷歌（位於加州山景城）執行長桑德爾．皮查伊（Sundar Pichai）在達沃斯（Davos）被外界質疑該公司從事非法避稅行為時，竟只是表示：「我們鼓勵經濟合作暨發展組織（OECD）認真解決這些議題。」[15]

這樣的辯解實在太軟弱無力：谷歌並未在百慕達從事任何實質活動，所以我們有充分理由相信，谷歌公司為了避稅而違反經濟實質原則，在那個小島認列了二百二十七億美元的營收。由於強制執行企業稅的政治意志力減弱，加上跨國企業有太多資源能用來應付美國國稅局，所以諸如此類的逃稅行為持續發生。不過，那個事實並不能讓這種避稅活動變得有正當性。

當國家主權被商業化

一如一九八〇年代初期的租稅庇護所，盈餘移轉業務讓提供這些租稅方案的業者和使用這些方案的客戶雙雙獲得極大的財富，但相對也導致世界上其他人的資源愈來愈枯竭。儘管如此，一九八〇年代的非法避稅市場和當今以服務跨國企業為目的的非法避稅市場之間，還是有一個關鍵差異。除了非法避稅計謀的供應者和他們的買家，目前還有另一方受惠於這種商業活動：低租稅國家的政府。這些國家銷售一項和這個市場攸關重大的要素：如果缺乏這項攸關重大的要素，四大會計師事務所四處兜售的那些詐騙手法就幾乎毫無用武之地，這項關鍵要素就是那些國家的主權。[16]

從一九八〇年代開始，各租稅天堂的政府就開始從事一種新型的商業活動：它們對跨國企業出售一種能讓企業自主決定其稅率、監理約束以及法律責任的權利。任何事都好商量。愛爾蘭希望蘋果公司將部分旗下企業設在當地，而蘋果公司則要求愛爾蘭必須以低稅率作為交換——都柏林答應了這個要求。Skype 擔心總有一天租稅機關將質疑它將自家智慧財產賣給愛爾蘭子公司的價格是否合理。別擔心，盧森堡公國能以一般所謂的預先訂價協議（advanced pricing agreements，這種合約能提早敲定跨國企業採用的移轉價格）賣保險給 Skype。

若沒有租稅天堂的政府參與共謀，這類盈餘移轉的計謀就不可能得逞。很多租稅天堂的政府表面上吹噓它們的法定稅率很高，但實際上它們不僅以實施較低稅率的方式對特定企業大獻殷勤，還為這些企業提供各式各樣方案，協助它們規避其他地點的法律與監理規定。

為什麼這些國家的政府要這麼做？因為「國家主權的商業化」本身非常有利可圖。不僅如此，這些國家還能獲得其他非貨幣性的好處：舉個例子，由於盧森堡在大型企業財務交易的領域占有極大的一席之地，所以也在歐盟擁有極大的影響力。不過最重要的還是從事這類商業活動的國家能獲得實實在在的貨幣報酬。由於這些租稅天堂吸引到的帳面盈餘極為龐大，所以就算這些國家的政府只課徵微乎其微的有效稅率，都能徵收到巨額的稅收。企業所得稅收入約當國民所得的比率最高的國家是哪一個？答案是惡名昭彰的租稅天堂馬爾他。第二名是盧森堡，接著是香港、賽普勒斯和愛爾蘭。另外，二〇一七年，這項比率墊底的國家，是那一年實施接近或超過三〇％企業所得稅稅率的美國、義大利和德國。[17] 實施低有效稅率——介於五％至一〇％——的租稅天堂徵收到的稅金（相對其經濟規模），比稅率約三〇％的國家徵收到的稅金更多。換言之，稅率愈低，稅收愈高！

從這當中明顯可見「拉弗爾曲線」（Laffer- curve）邏輯的例證，這條曲線是以一九七〇年代家喻戶曉的供給面學派經濟學家亞瑟．拉弗爾（Arthur Laffer）的姓來命名。根據這個觀點，降低稅率反而能促使稅收增加。小國即使採用乍看之下過低的〇％稅率，都有可能徵收到可觀的稅收。英屬維京群島與百慕達政府向成千上萬家單純受零稅率吸引而到當地進行設立登記的空殼公司收取均一費用（flat fees），並因此得到可觀的收入。

但租稅天堂的欣欣向榮和供給面經濟學先知所預測的那種稅收繁榮之間有一個小小的差異。根據亞瑟·拉弗爾的說法，低租稅將促使一般人更努力工作、企業更廣泛投資、創新者更不屈不撓地創新，最終促使全球 GDP 上升。然而，在現實世界，馬爾他、盧森堡或賽普勒斯的任何一美元稅收，代表的卻是其他國家付出的一美元代價。這是一種零和移轉，不會讓整個世界變得更富裕。當百慕達對大型企業提供關稅漏洞、當愛爾蘭對蘋果公司提供優惠的租稅條件，盧森堡的租稅機關和四大會計師事務所一個鼻孔出氣，它們等於是在竊取其他國家的稅收，全球的 GDP 只會維持不變。總之，這是一種零和的竊盜行為。

防堵措施

我們提出這些觀點的目的並不是要將這些國家妖魔化，也不是要假裝若其中某些無賴國家停止上述財政傾銷行為（fiscal dumping），我們的問題便可迎刃而解。隨著全球化向前推展，多數國家皆已屈服於「出賣國家局部主權」的誘惑，希望能經由出賣國家主權，吸引到一些活動或一點點稅收，盡可能在搶奪全球化利益的大戰中分一杯羹。有些國家走在其他國家的前端（通常是小國，對這些國家來說，這些作為的獲利可觀）。不過，隨著世界經濟體系愈來愈高度整合，開發中市場的新經濟強權浮上檯面，和整個地球比較之下，幾乎每一個國家都變得渺小。所以，幾乎所有國家都愈來愈難以抵擋自我改造為租稅天堂的誘惑。

有志之士試圖遏制這種出賣主權的風氣。到目前為止，最積極的作為是二〇一六年展開的 OECD「稅基侵蝕及盈餘移轉包容性框架」（inclusive framework on base erosion and profit shifting，以下簡稱 BEPS）創議。這個協同各方努力的創議，是為了防堵龐大非法避稅產業的繼續發展。它讓企業較難以操縱移轉價格。這個創議界定了幾項有害的租稅作業，並鼓勵各國揚棄那些作業。另外，它也希望矯正不同國家稅法上的不一致，同時已敦促特定租稅天堂揚棄它們最惡性的方案。

然而，數據顯示，BEPS 及其他努力多半功敗垂成。美國企業在低租稅地點認列的盈餘還是一年比一年高，一如圖 4.2

所描繪。非美國跨國企業的證據較不完整，因為可用數據所涵蓋的期間較短，不過，趨勢似乎與美國大同小異。要如何解釋這些努力為何未能成功達到預訂的目標？關鍵在於 BEPS 並未能直搗非法避稅反應者（譯注：企業）的核心。企業依然繼續進行內部的商品、服務與資產交易。四大會計師事務所還是在製造沒有市場價格的交易。設定移轉價格的會計師依舊有誘因取悅他們的客戶，為所有能讓客戶的繳稅金額最小化的安排提供簽證。總之，迫切需要展開一場哥白尼式革命（Copernican revolution）的我們，卻一直忙著美化這個托勒密（Ptolemaic）式天堂模型。

租稅競爭的勝利

儘管目前國際上有意採取協同行動的做法，最終卻遭遇一個更深層的限制：各國並未認真試圖採用更一致的稅率。當今的政策制訂者普遍認同應打擊盈餘移轉的行為，但也認為只要參與租稅競爭的國家遵守遊戲規則，就沒有理由譴責租稅競爭行為。根據那個觀點，如果一家企業在美國提出專利，再將這些專利移轉到免稅的百慕達，就是不好的行為。但如果這家公司在愛爾蘭提出專利，且如果都柏林當局針對因專利而產生的盈餘課徵六．五％的稅率——即當今的稅率——那就無可厚非。就算明天愛爾蘭對這類營收的稅率降到一％，一樣沒關係。只要專利由在愛爾蘭辦公室工作的本地工程師提出，任何稅率都是可接受的，BEPS 允許各國為來自專利的營收提供合法減稅，那就是所謂的「專利租稅優惠」（patent box）。除了愛爾蘭，英國提供一〇％的稅率，而美國在二〇一八年稅改後，提供一三．一二五％的稅率，其他國家也針對這類營收提供租稅優惠。

諸如 OECD 等國際組織雖獲准討論各種改善稅基定義的方法，但所有討論都不能涉及稅率。國際之間還是存在協同的機制，只不過，面對稅率這個租稅政策的關鍵要素，各國的態度並不協同。OECD 希望藉由它的努力，快速消弭盈餘移轉的情況：企業將在實際營運所在地誠實且依法被課稅。不過問題並沒有消失，被課徵多少稅率？即使 BEPS 最終成功遏制了盈餘移轉的情況，若各國間的稅率缺乏協同，一定還是有某些國家能藉由降低稅率來圖利。畢竟（譯注：就不鼓勵非法行為的角度來說）降低企業稅稅率可能比簽署暗盤協議更光明正大一些，比提供量身訂作式的漏洞更坦蕩，與其對偏離常規的集團內部交易睜一隻眼閉一隻眼，降低稅率的做法至少比較誠實一點。不過，這個做法只是換湯不換藥，它的本質並沒有改變：降低大型企業以及作為企業股東的租稅義務。

本質上來說，降低稅率只是另一種形式的國家主權商業化。降低稅率的小國能藉此獲得可觀的利益：這些國家的稅收將因而增加，且降低稅率甚至能刺激就業與工資上漲，這是單純促進純帳面盈餘移轉的業務所無法做到的。不過，和其他形式的國家主權商業化相同的是，小國藉此得到的利益，是犧牲世界上其他國家而來。租稅天堂為大型企業提供的減稅優惠，對其他所有國家造成一種無可避免的成本，以經濟學術語來說，這種成本就是「負外部性」（negative externality）。這些租稅優惠助長了逐底競爭，多數國家為了防止資本遷移到海外，不得不競相採納過低的稅率，低於民主選擇的情境下可能採用的稅率。當前各種國際協同的根本問題是，這些作為並未解決不符合民主原則的租稅競爭動力，甚至賦予這些動力正當性。

所以事實上，自 BEPS 流程展開後，租稅競爭反而變得更激烈，全球企業稅稅率的逐底競爭也愈來愈白熱化。日本從二〇一三年開始，將企業所得稅稅率自四〇％降至三一％；美國從三五%降至二一%；義大利自三一%降至二四%；匈牙利自一九%降至九%；許多東歐國家也依循相同的路線。在一九八五年至二〇一八年間，世界各地最顯著的租稅政策發展，莫過於全球平均法定企業稅稅率降低超過一半，自四九%降至二四%。如果當前的趨勢延續下去，全球平均企業稅稅率將在二十一世紀中葉前降到〇%。

第五章

不公不義急遽惡化

世界各地的領袖或許曾對最極端的財政傾銷行為表達痛惜之意——像是百慕達的零稅率，但這些領袖卻也普遍認同企業租稅降低不盡然有害。畢竟租稅的減少代表企業可用於投資的盈餘增加，而企業投資是經濟成長引擎之一：商業的擴張能支持就業狀況與工資水準，最終讓勞工受益。因此，降低的資本稅可能對勞動階級有利。

但事實真的如此嗎？如果有錢人繳納較多稅金，最終會傷害到其他所有人嗎？相反的，降低資本的租稅真的能提振投資活動和工資水準嗎？

遺憾的是，一般大眾對於這些疑問的辯論常流於意識形態之爭，各方經常罔顧事實，睜眼說瞎話，所以那些辯論缺乏實質意義可言。各國不乏所謂的先知，樂觀預測自由不受束縛的資本流動將創造各種奇蹟；他們提出各式各樣誇大的經濟成長預測，聲稱只要「租稅負擔」再降低一些，那些美好的願景便能實現。這些預言家預測，若稅後盈餘得以提高，投資活動必將暴增，工資也會上升。且讓我們試著深思這類預言是否真的言之有理。

勞動力與資本：所有所得的來源

要了解各國政府課徵資本稅時會發生什麼事，必須先精確界定「勞動力」與「資本」的觀念。在徵收任何租稅以前，國家的全部所得不是歸屬勞工，就是歸屬資本的所有權人，因為我們生產的所有事物都是利用勞動力和資本（機器、土地、建築物、專利和其他資本性資產）製造的。在諸如餐廳等特定經濟體系產業部門，生產活動多半仰賴勞動力來完成；經濟學家稱這些產業部門為勞力密集部門。其他諸如能源等產業部門，則屬於資本密集部門。有時候，資本能自行生產產出（例如住宅在無須人類提供協助的情況下，就能生產「住宅供給服務」）。有時候，勞動力也能自行生產產出（舉個例子，若碧昂絲〔Beyonce〕在某個公共場所進行一場無伴奏的演唱會，就可能發生這樣的狀況）。有些資本是有形的（住宅、機器等），有些是無形的（專利、演算法等）。不過，無論何時與何地，所有被生產出來的事物，以及我們因此賺到的全部所得，都源自於勞動力、資本或這兩者的某種組合。

勞動力所得是支付給勞工，它等於工資、薪資和健康保險與退休津貼等就業附加福利。資本所得則歸屬於資本的所有權人，和體力的付出毫無關係。資本所得包括股份有限公司股東賺得的盈餘（不管這些盈餘被用來發放股利或用於再投資）、債券持有人的利息收入、地主的租金收入等等。根據共通的做法，我們將自雇型個人（例如民營律師與醫師）的三〇%「綜合所得」納入資本所得，並將這項自雇型所得的七〇%納入勞動力所得（採用三〇／七〇的原因是，根據經濟學家的觀察，企業部門的資本／勞動力占比為三〇／七〇）。[1]

根據定義，不歸屬勞動力的每一元所得都應全數歸屬資本，相反亦然。我們在此提出這個定義並不是想判斷勞工和資本的所有權人是否應得他們分到的餅：經濟學家和一般大眾對於這個疑問向來抱持不同的觀點，而從有資本主義以來，這個疑問就一直是諸多政治衝突的核心要素之一。不過，我們在此評述勞動力和資本的這項事實，目的只是為了說明經濟體系如何運作。

且讓我們舉一個具體的案例。根據蘋果公司的正式帳冊，二〇一八年時，該公司生產了大約價值八百五十億美元的商品與勞務（已扣除該公司為生產 iPhones、iMacs 和其他產品而購入的原物料與其他要素的投入）。在那八百五十億美元當中，蘋果公司付了大約一百五十億美元給該公司員工：這就是勞動力所得。[2] 剩下的七百億美元歸屬於蘋果公司的股東和債權人：這就是資本所得。這項資本所得中，一部分以股利的形式發放給股東，一部分則用來支付債券持有人與銀行的利息，一部分則用於再投資。相似的，某些勞動力所得用來支付蘋果公司高階主管薪資，某些用於發放低階工程師薪資，某些則用於發放蘋果專賣店銷售人員的薪資。勞動力的形式很多元，資本的形式也很多種，當中蘊藏了很多不同的社會現實、法律安排與勢力關係。

根據經濟學家的觀察，長期以來，歸屬勞工的國民所得占比並沒有明顯的起伏，資本所得相當於國民所得的二五％，勞動力則占剩餘的七五％。凱因斯（Keynes）曾以著名的「有點像奇蹟」字眼來形容這樣的穩定狀態。然而，這個奇蹟並非持久不變。[3] 從一九八〇年至二〇一八年，美國勞動力所得的國民所得占比，就從七五％降至七〇％（資本所得則從二五％上升至三〇％）。過去二十年間，這個趨勢尤其顯著。從二十一世紀展開後，美國每位成人的平均勞動力所得就陷入停滯（平均一年僅成長〇．四％），而每位成人的平均資本所得，則每年成長一．六％——這是受科技業、製藥業與金融業大型企業的利潤遽增驅動。換言之，資本欣欣向榮，而勞動力則明顯落後。

資本所得稅 vs. 勞動力所得稅

一如所有形式的所得皆源自於勞動力與資本，所有租稅不是來自勞動力，便是來自資本。在選擇要對這兩項生產要素課徵多少租稅時，勢必會面臨取與捨的問題。由於資本是有用的，我們當然不希望資本被課很重的稅，以免導致經濟體系的生產產能減少。不過，課徵較少資本稅就意味勞動力必須承受較重的負擔，這讓沒有繼承到資產的民眾更難以累積財富，尤其是在工資幾乎停滯的這個時代。

目前美國如何分配資本與勞動力的租稅負擔？要回答這個疑問，最周全的方式就是對照三項稅率的演變。第一項是平均總體經濟稅率（macroeconomic tax rate）：即總稅收除以國民所得。第二項是平均資本所得稅稅率，也就是總資本稅（企業所得稅、財產稅、遺產稅以及對應到股利、利息與其他形式之資本所得的稅捐等項目的加總）除以經濟體系的資本所得總流量。第三項是平均勞動力所得稅稅率，即總勞動力租稅金額相對總勞動力所得的百分比。[4] 我們從中見到什麼蛛絲馬跡？

過去幾十年，富裕國家的租稅維持穩定，但相反的，美國的租稅卻降低。目前美國的總體經濟稅率遠低於二十世紀末的水準。不過，直到最近，由於二〇一八年減稅的緣故，這個趨勢才完全明朗化：在較短的時間軸內，稅收會隨著經濟擴張而增加，但隨著經濟衰退而減少，而這些商業週期效應可能導致趨勢線變得模糊難辨。不過，目前中期趨勢已非常清晰。一九九五年以後的那五年間，整體美國稅率觸及三一．五%的高點後便反轉向下。到二〇一九年，也就是歷經九年的經濟成長且失業率降至歷史新低水準後，稅率幾乎降了四個百分點，達大約二八%。由於稅收金額通常會在經濟衰退期減少數個百分點，所以，預估「下一次經濟衰退來臨時，稅收相對國民所得的比率將降至……一九六〇年代以來的新低」，似乎是個安全的預測。

過去二十年間，美國稅收相對 GDP 的比率降低幾近四個百分點，這似乎是個異乎常態的歷史發展。直到近年來，包括雷根總統、柴契爾夫人（Margaret Thatcher）在內的所有保守派領袖，沒有人成功創造那樣的「事蹟」。在雷根領導美國那段時間，稅收約當 GDP 的百分比只是上下起伏，並沒有清晰可辨的趨勢。而在英國，鐵娘子在一九九〇年離開唐寧街首相官邸時的稅收金額，更比她入主時的一九七九年高。以這兩個個案來說，有錢人的租稅降低，但其他民眾的租稅負擔上升，結果，整體稅收得以大致維持不變。過去二十年間，美國是已開發國家中總稅收（相對 GDP 的比率）大幅且穩定降低的首例。

而美國總體經濟稅率的降低，全數導因於資本稅收的大幅減少。在一九九五年以後的那五年間，平均資本稅稅率為三六%。在川普稅改後，這項稅率幾乎未曾達到二六%。

除了大致上維持穩定的財產稅，其他各項資本稅都見降低，因而造成資本稅稅率降低。誠如我們先前討論的，企業稅已大幅降低。股利稅減少一半，最高股利稅稅率從柯林頓執政時期的三九．六%降至目前的二〇%。遺產稅稅收也降到幾乎只剩原本的四分之一，從一九九〇年代末期的相當於國民所得的〇．四%，降到目前的大約〇．一%。

若觀察更長期的狀況，勞動力與資本租稅天平的變化甚至引人注目。從麻薩諸塞州最遠可回溯至十七世紀的財富稅，到艾森豪總統執政時期的五〇%有效企業所得稅稅率，資本稅對美國公庫的貢獻一向非常顯著。從一九四〇年代至一九八〇年代，資本的平均稅率超過四〇%，而勞動力的稅率則不到二五%。然而平均資本稅稅率自一九五〇年代的高峰過後，已經被調降了二十個百分點。在此同時，勞動力的稅率則上升超過十個百分點，這主要是受薪資稅激增所驅動。這個租稅系統讓原已蓬勃發展的資本所有權人獲得更多利益，但對工資已停滯的勞工徵收更多稅金。二〇一八年，資本所得稅稅率創下美國現代史的記錄，首度低於勞動力所得稅率。

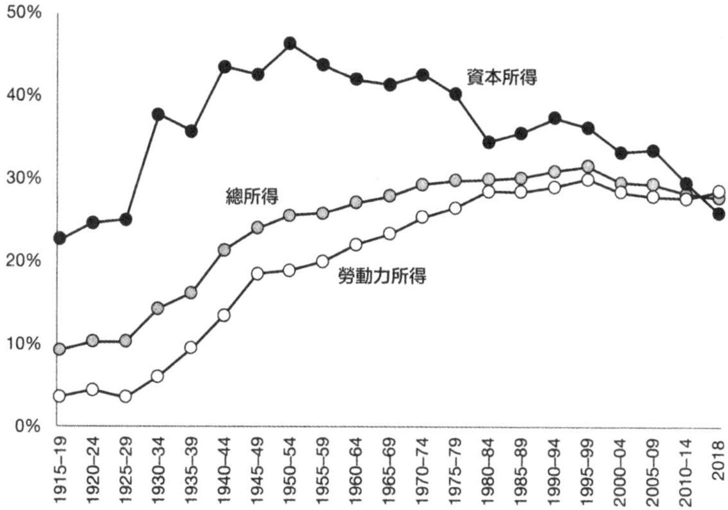

【圖 5.1】資本稅率的劇降（美國勞動力與資本的總體經濟稅稅率）

附注：本圖描繪了一九一五年開始，資本所得、勞動力所得和總所得的總體經濟稅稅率。資本所得和勞動力所得的總和就是總國民所得。包含聯邦、州與地方稅，並分別分配到資本或勞動力租稅。在歷史上，資本所得稅率一向遠高於勞動力所得稅率。但如今這個缺口大幅縮小。二〇一八年開始，勞動力所得的稅率有史以來首度高於資本所得的稅率。完整細節請詳 taxjusticenow.org。

健康保險：隱形的高額勞動力租稅

即使是這些數字，都嚴重低估了資本的所有權人目前享受到的財政優勢（相對勞工而言）。因為這些統計數據只計入公共——而不含民間——的強制性稅捐。繳納給政府的稅金被納入，但支付給民間徵收單位的費用遭到忽略。這些費用實質上就是租稅，只不過沒被冠上「稅」的名稱罷了，其中最主要的一項是勞工透過雇主支付給保險公司的健康保險費用。由於美國的健康保險成本過高（這是因為美國標準醫療程序的價格遠高於其他富裕國家），[5] 這項隱形的勞動力所得稅也高得驚人。目前勞工一年透過雇主支付的保費支出，平均超過一萬三千美元，而且，過去幾十年，這項金額急遽增加。[6]

若想更加了解這項隱形租稅，應該先檢視美國醫療照護的財源取得方式。年老的美國人和低收入家庭受公共保險計畫保障，分別是聯邦醫療保險（Medicare）與聯邦醫療補助保險（Medicaid），這兩項計畫是以稅收（薪資稅與一般政府歲收）支應。剩下的民眾必須透過民間企業尋求保障；在那個情況下，保險費是由稅收以外的財源來支應。實務上，民眾多半是透過雇主取得民間的保險（而非獨自投保）。自二〇一〇年俗稱歐巴馬健保的平價醫療法案（Affordable Care Act）通過後，投保變成一種強制義務：政府強制規定未受聯邦健康保險或聯邦醫療補助保險保障者，必須投保某一項民間計畫。保守派人士排斥這項義務，迄今仍試圖動搖這個規定，但即使他們得逞，情勢也不會有根本變化。不管保險的保費是繳給公共的賣方獨占機構（政府），或是繳給民間的賣方獨占機構（聲名狼藉的美國民間健康保險系統，這個系統不鼓勵競爭）[7]，都不會有顯著的差異。這兩種支出都會導致勞工的實領薪資減少；而雖然民眾隨時可能逃稅或拒絕付款給保險公司，但實務上幾乎所有人都遵守繳款的規定。

這兩種形式的醫療保障的主要差異在於它們對「整體稅收的GDP占比」的影響不同。若仰賴民間保險業者的程度較高，官方的總體經濟稅率便會降低。這個偏差在美國尤其顯著，不過，瑞士與日本等依賴強制性或近強制性民間健康保險（由工會、雇主或非營利機構管理）來提供醫療照護服務的國家，也存在這樣的情況。一如美國，這樣的做法可能使國家租稅相對GDP的比率，低於其他全數或主要以稅收來支應健康保險的國家（例如英國、瑞典和法國）。[8]不過，因這個理由而擁有較低的稅率，實在沒有太大意義。

為了提供更精確且國際性的對照說明，圖5.2將美國民眾向民間保險公司繳納的強制性保費支出視為稅金。二〇一九年，光是這些隱藏的租稅加起來，就相當於國民所得的六%——約當聯邦所得稅總收入的三分之一！[9]這些租稅導致總體經濟稅率從國民所得的二八%提高到三四%，這麼一來，美國的總體經濟稅率就和加拿大與紐西蘭相當，幾乎不比英國與西班牙低。[10] 由於就定義而言，這些隱形租稅純粹是由勞動力負擔，所以，勞動力所得的稅率因而更急遽上升，從二九%竄升到三七%。這個更深入的長期租稅觀點（且我們認為這個觀點更有意義）讓我們體察到，一九八〇年代至一九九〇年代間，勞動力與資本稅稅率漸漸趨近。而自二十一世紀展開後——尤其是二〇一八年租稅改革後——資本被課徵的稅率就遠比勞動力被課徵的稅率低。

我們也可經由這個較宏觀的觀點了解到，美國和國際上其他類似國家比較，並不是租稅特別低的國家，這和一般的看法相左。納入強制性民間健康保險的保費後，美國的總體經濟稅率（三四%）依舊低於法國的稅率（五二%）。不過，那多半是因為法國將所有提撥到退休金的款項（相當於國民所得的一六・五%）都計為稅賦，而在美國，只有提撥到社會安全計畫的款項（國民所得的四・五%）才被計為稅賦。最終來說，美國人扣除租稅、健康保險（民營化的租稅）與退休金提撥款項後，剩餘的所得相當於稅前所得的比率，大致上和歐洲人相當，這是最根本的事實；不過，美國人和歐洲人有一個主要差

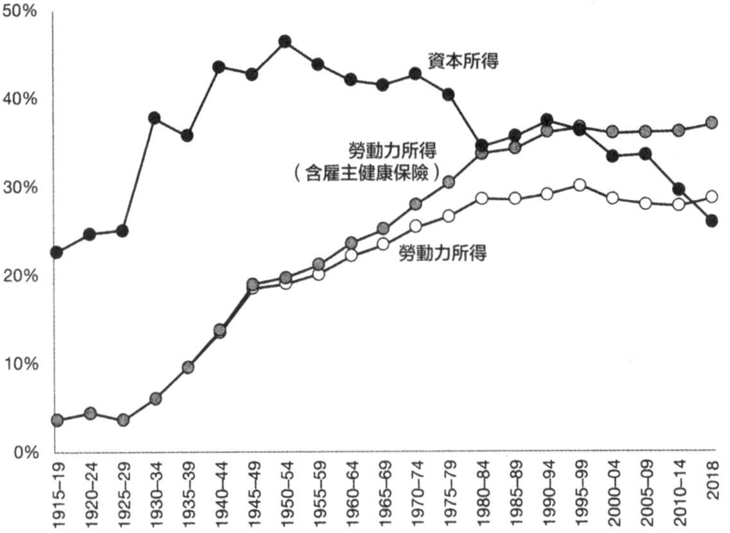

【圖 5.2】勞動力所得租稅的上升

（美國勞動力與資本的總體經濟稅率）

附注：本圖描繪一九一五年以來，資本所得與勞動力所得的總體經濟稅率。資本所得與勞動力所得的總和等於總國民所得。包含所有聯邦、州及地方租稅，並分別分配至資本或勞動力所得稅。本圖也包含一組加入雇主發起之健康保險的勞動力所得稅數列。健康保險成本導致勞動力的負擔持續增加，目前已達極為沉重的水準。若將健康保險列入，二〇一八年的勞動力被課徵的稅率大約達四〇％，遠高於資本被課徵的稅率。完整細節請詳 taxjusticenow.org。

異：歐洲人的消費稅較高（法國的消費稅相當於國民所得的一三％，而大西洋彼岸的消費稅則僅約當於國民所得的五％）。此外，不管是在歐洲或美國，愈來愈多為政府與醫療支出供應財源的負擔落在勞動力頭上。

資本所得的最適稅率

資本稅減少而勞動力稅捐附隨上升的狀況需要擔憂嗎？這毫無疑問，因為這個演變流程是造成不平等的強大引擎。無論何時與何地，勞動與中產階級家庭的所得主要都是來自勞動力。以當今的情況來說，所得分布底層九〇％的美國民眾，八五％的稅前所得來自勞動力，資本所得只占一五％。而有錢人的情況則相反。以頂層一％所得族群來說，一半以上所得來自資本，而頂層〇・一％民眾的所得，更有三分之二以上來自資本。[11] 這是資本主義社會的常態：隨著一個人在所得分布的階梯上逐漸攀升，他的資本所得相對總所得的占比就會上升，直到抵達頂點的一〇〇％。因此，當政府降低資本所得的租稅負擔，幾乎肯定會使富人的租稅降低。

較低的資本稅，意味多數所得來自資本的有錢人，有可能機械式地累積更多財富。這會造成一種雪球效應：財富能衍生所得，在資本稅偏低的情況下，資本所得將有極高比率會被儲蓄下來；這些儲蓄將使現有的財富存量增加，而更多的財富存量又會衍生更多所得，依此類推。[12] 這個雪球效應是造成美國財富集中度急遽上升的重要貢獻力量。頂層一％最有錢成年人

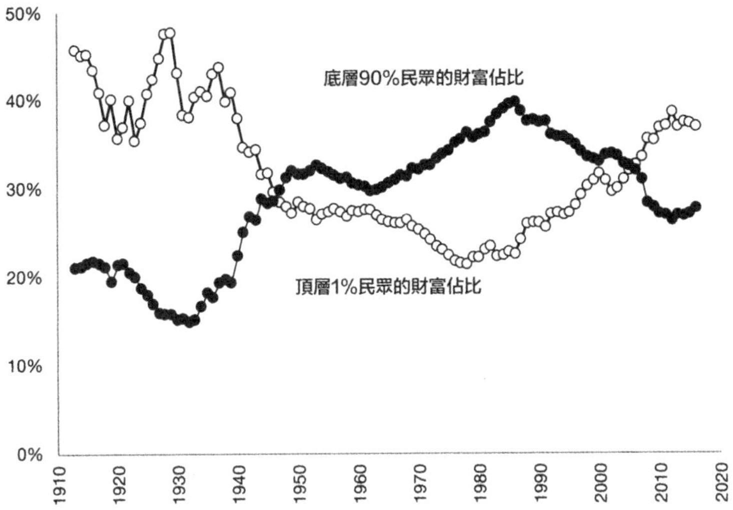

【圖 5.3】美國財富不平等程度的遽增

（頂層一%與底層九〇%所得者的財富相當於美國民間總財富的比重）

附注：本圖描繪了頂層一%最富裕的成年人與底層九〇%最貧窮的成年人的總家庭財富占比的發展。財富包括家庭扣除所有債務後的全部直接或間接資產（包括住宅、退休金和所有金融資產）。已婚夫婦的財富是均分。頂層一%的財富占比，從一九七〇年代末期的二〇%增加幾乎一倍，達到目前的接近四〇%。在此同時，底層九〇%民眾的財富占比則從四〇%降至大約二五%。完整細節請詳 taxjusticenow.org。

的財富占比（相對全國總財富），從一九七〇年代末期的二二%，遽增到二〇一八年的三七%。相反的，底層九〇%族群成人的財富占比，則從四〇%降至二七%。從一九八〇年開始，頂層一%與底層九〇%所得者的財富約當總財富大餅的比率便已對調：底層民眾分得的大餅流失，而頂層一%民眾分得的大餅則增加。[13]

如果我們贊同某些特定經濟理論，應該會對這個發展感到欣喜。因為（這些理論主張）資本稅的大幅減少讓我們更接近一個較符合一般勞工長期利益的狀態。這些理論是在一九七〇年代與一九八〇年代發展出來的，根據這些理論，最適當的資本所得稅稅率是零，換言之，針對企業盈餘、利息、股利、資本利得、租金、住宅房地產、商用房地產、個人財富、遺產和繼承財產課徵的所有租稅都應該廢除，並以較高的勞動力所得稅或消費稅取代之。[14] 照字面來看，這個邏輯會推演出一個令人瞠目結舌的建議：世界各地的「比爾・蓋茲們」應該完全免稅，而為了彌補因此而折損的稅收，政府應該對祕書和退休老人課更多稅。屆時即使是社會上最貧窮的成員——他們沒有任何財富，所以沒有資本所得——都能受惠於那樣的行動，至少長期而言，因為他們的稅前所得將增加。

乍聽之下，你可能以為這只是某些不知人間疾苦的象牙塔學者們所做的推斷，但事實不然，這是世界各地經濟學研究所學生正式在課堂上學習的權威理論，而且被華盛頓特區人士視為政策討論的標準標竿之一。當然，這個基礎理論衍生了許多不同樣貌的理論，而這些理論多主張採用〇％以上的稅率比較理想。不過，這些經過修飾的理論通常傾向於在政策討論過程中被忽略。只要問問美國稅法專家是否應該對資本課稅，應該有很多人會強調「經濟學家已證明」不應該課稅，這令人很訝異（至少我們的經驗是如此）。不可否認，世界上沒有任何一個大國將資本稅降到零，這是千真萬確的事實，而在實務上，也很少人倡議立即廢除所有資本稅。但無論如何，主流意見確實認定資本稅制是特別有害的制度。

這樣的信念從何而來？實質上，這個信念來自一個觀點：資本供給（全體居民每年經由所得而儲蓄的金額，加上國家吸引到的海外資本淨流入金額）對稅後報酬率的變化非常敏感；它的敏感度高到即使是些微的租稅，長期以後都終會摧毀巨額的資本存量。而由於資本是有用的，它讓勞工變得更有生產力，所以，對資本課稅最後將傷害到工資。以經濟學的術語來說，這就是指資本稅將完全被轉嫁給勞動力。這個世界觀認定，企業稅特別可能被轉嫁給勞工。一旦向企業課稅，工廠便會遷移到海外；企業將因此停止採購資本性資產，減少資本存量，並削減工資。根據這項分析以及經濟學家的術語，企業稅的歸宿（incidence）其實是勞動力，換言之，企業所得稅的負擔最終是落在勞動力頭上。

「歸宿」是所有租稅政策分析的關鍵環節之一，所以，且讓我們暫停在這個概念，試著理解反資本課稅者的論述的是與非。如果廢除企業稅，將會發生什麼事？股利和庫藏股買回規模可能會激增，促使股東的所得大幅增加。不過，企業也可以增加採購機器與設備，讓勞工變得更有生產力，工資也將因此上升。另外，企業也可以降低產品銷售價格，而這實質上將使勞動力與資本雙雙受益（某種程度上這兩種形式的所得最終都被用於消費）。租稅歸宿和追蹤租稅變化對經濟行為、經濟產出水準以及全體人口所得分配的無數影響有關。

這個領域的主要經濟研究結果是：最沒有彈性的生產要素承受了租稅的負擔，而最有彈性的要素則非法規避租稅。這個結果發人深省。具體而言，若資本非常有彈性——每當資本被課稅，儲蓄和投資就會大幅減少——那麼，資本租稅的負擔就會是由勞動力承受。不過，一如資本稅有可能轉嫁給勞動力，勞動力的稅賦也可能轉嫁給資本。如果勞動力非常有彈性——也就是說，如果民眾在勞動力所得的租稅上升時，大幅減少工作量——就會發生這樣的狀況。《國富論》解釋了工資稅如何可能轉嫁給資本，這是最古老且最著名的租稅歸宿分析之一。如果農民處於僅能餬口的狀態（即其所得只夠維持基本生存條件），向農民的工資課稅，就會導致他們挨餓。在那種情況下，工資稅就會從貧窮的農民轉嫁給較富足的地主，因為地主為了維持那些農工的性命而不得不提高工資。

租稅歸宿可歸結為一些簡單的實驗疑問：資本與勞動力的彈性高不高？尤其是，當資本稅上升，資本存量是否會消失？如果會，那麼，對資本課稅就真的有害，因此長期而言，降低企業稅可能對勞工有益。

資本稅與資本累積的長期觀點

根據多數評論家的看法，「資本的極端彈性」是一種自然法則，就像重力一樣千真萬確。不過這個信念——一如其他源自於基本經濟理論的極端預測（例如最低工資一定會摧毀工作機會）——需要以事實加以檢核。雖然有很多方法可進行那樣的檢核，但合理的起點之一，是比較投資率與資本稅的長期演變：追溯歷史記錄，在資本被課徵較高稅率的時期，美國的投資活動是否顯著降低？如果是，就可能代表課徵資本稅會使資本存量降低，最終讓勞工變得更窮困。

然而，那個問題的真正答案是：否。我們擷取二十世紀初期迄今的儲蓄與投資數據，並對照這些數字和平均資本所得稅稅率的變化。對照的結果顯示，高資本稅時期（從一九五〇年代至一九八〇年代）正好是歷史上儲蓄和投資活動較熱絡的時期，平均達國民所得的一〇％以上。不管是觀察哪一個資本累積（capital accumulation）指標，結果都相同，這些指標包括民間儲蓄（個人與企業的儲蓄）、國民儲蓄（national saving，民間儲蓄加政府儲蓄），或是國內投資（國民儲蓄減去淨國外儲蓄。實質上，由於淨國外儲蓄金額多半很小，所以國內投資相當接近國民儲蓄）。相較之下，在資本稅率於一九八〇年代開始降低後，資本累積也沒有上升的跡象。事實正好相反：國民儲蓄率在一九八〇年後漸漸降低，並在二〇〇五年前後降到接近〇％。其中，富人的儲蓄率維持穩定，但底層九九％人口（與政府）的儲蓄率卻劇降。這些擺在眼前的事實和「零資本稅」理論的假設完全相反（而這個理論的強勢政策建議都是來自這些錯誤的假設）。

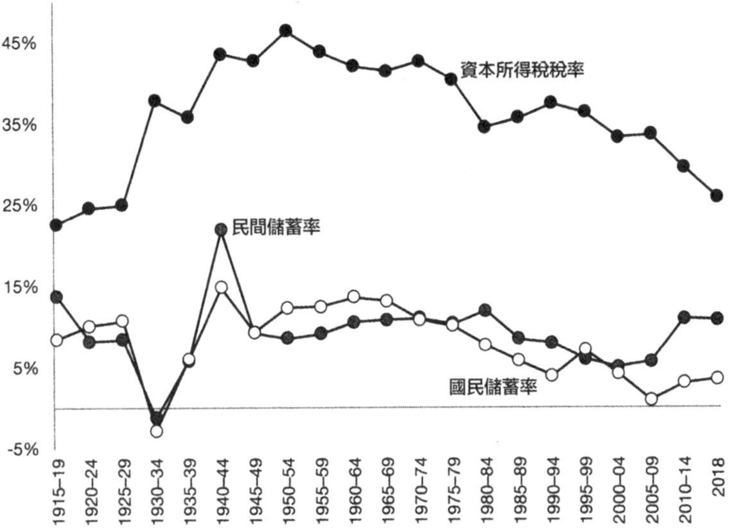

【圖 5.4】資本稅與資本累積
（美國總體經濟資本稅稅率相對儲蓄率）

附注：本圖描繪了資本所得之總體經濟稅率（針對總資本所得課徵的總資本稅）、民間儲蓄率（家庭加上企業儲蓄，相當於國民所得的百分比）以及國民儲蓄率（民間加上政府儲蓄，相當於國民所得的百分比）的演變。一九四〇年至一九八〇年間，美國的資本稅稅率很高，儲蓄率也很高。自一九八〇年以後，資本稅稅率降低，儲蓄率也降低。從總體經濟數據觀察，對資本課稅似乎並未使儲蓄降低。完整細節請詳 taxjusticenow.org。

過去幾百年來，資本稅和資本累積之間並沒有明顯可觀測的相關性。在一九八〇年以前，儘管資本稅的變化非常大，美國的儲蓄與投資率卻還是維持在大約相當於國民所得的一〇%

上下，過程中僅略有起伏。主要的例外和大蕭條有關，當時在大規模失業與實質所得出現空前降幅的背景下，儲蓄急遽減少，不過，到第二次世界大戰時，由於消費淪為配給，故儲蓄反而回升。除了這些例外的歷史情境，美國的儲蓄並沒有明顯的趨勢可言。法國、德國和英國也可觀察到類似的規律性，這三個國家的儲蓄數據可回溯到十九世紀。除了幾次世界大戰期間，這些經濟體的民間儲蓄率都以國民所得的一〇%為中心，上下略微起伏，儘管長期下來的平均資本稅稅率出現多次明顯變化，從十九世紀的低於五%，到第二次世界大戰後那幾十年的五〇%以上，而儲蓄率的變化卻不大。[15]

但我們必須聲明：這項證據並不能證明資本稅不會衍生經濟成本，只是說明由於儲蓄與投資率沒有明顯的變化，所以長期來說，資本稅是資本的所有權人在負擔，而非勞動力負擔。由於資本稅稅率較高時，資本存量並沒有降低（工資也因此未降低），故資本稅的歸宿明確是資本。由於富人的所得多半源自於資本，而勞動階級與中產階級的所得多半來自勞動力，所以，資本稅主要是傷害到富人，而非勞動階級。當然，儲蓄決策並非全然不容易受租稅影響。如果課徵一〇〇%的資本稅，經濟體系的財富可能會少很多。但對各種廣泛的資本稅後報酬來說（例如對二十世紀期間的二％至五％報酬來說），可取得的實驗證據顯示租稅的影響非常小。

促進資本累積的主要動力

這引領我們產生一個疑問：為何資本累積對資本稅所產生的反應似乎相對微小？簡單說，資本稅只是影響財富累積的眾多經濟與社會動力之一，且是相對不重要的動力。較重要的動力是會影響民間儲蓄行為的監理規定。

多數美國人的財富主要是由資產端的住宅與退休儲蓄、負債端的房貸債務、消費信貸以及學生貸款等組成。[16]公共政策會直接影響其中每一種形式的資產和負債。在第二次世界大戰後的那幾十年，監理規定鼓勵企業為員工提存退休金；聯邦政府則發起三十年期住宅抵押貸款的承作，從而提供一個有助於終生儲蓄的有效工具，因為償還房貸與累積住宅權益的過程就是一種終生儲蓄。相較之下，一九八〇年代以後，由於政府為較高等教育提供的財源減少，學生貸款大幅增加。另外，金融去管制化讓一般人較容易舉債，例如金融業業者讓貸款人得以經由再融資管道（refinancing）持續不斷地展延其房貸債務，或是為一般人提供大量消費信用等。

這或許堪稱行為經濟學（behavioral economic）的主要教誨，行為經濟學是一個快速擴展的研究領域，它致力於擺脫標準的超理性經濟模型，以更務實的觀點來看待人類行為；而就影響儲蓄率的因素方面，行為經濟學主張，所有非租稅政策對儲蓄率的影響，勝過租稅誘因對儲蓄的影響。[17] 舉內定選項（default options）為例：如果向企業新雇用的勞工表示四〇一（K）退休儲蓄帳戶——目前已是美國最主要的退休儲蓄形式——是內定選項，那麼這些勞工登記加入四〇一（K）的可能性，大約是放任勞工自願選擇四〇一（K）的四倍（八〇%相對二〇%）。[18] 內定選項不僅能促進退休儲蓄，也讓勞工的整體儲蓄率上升：存在退休儲蓄帳戶的資金不會排擠到其他形式的財富累積（例如住宅債務的償付）。相反的，一般推斷可能有助於促進退休儲蓄的傳統租稅誘因（即投資報酬免稅），反而只會鼓勵民眾將資金從非退休投資帳戶轉入免稅的退休儲蓄帳戶，不會使儲蓄率顯著提高。[19] 諸如內定選項那種單純的「推力」（nudges），對財富累積的實質影響力比租稅誘因更大。[20]

這並不是說資本稅制不會產生影響。資本不是很有彈性，不過有可能被隱匿。有錢人可以將財富藏在境外；跨國企業可能將盈餘移轉到百慕達；民眾可能將他們的投資轉移到免稅的帳戶。由於非法避稅手段的提供者主要是以有錢人為目標客戶，且資本所得主要也是流向有錢人，所以，若未能善加遏制避稅產業，就會產生非常多非法逃避資本稅的機會。不過，這些非法避稅行為都不會影響到財富的實質累積，也就是不會影響民眾實際上持有多少股票、債券和不動產。這就是討論諸如此類問題時常令人感到混淆的部分。的確，資本很可能對租稅產生強烈的反應，但那是資本為了迴避租稅而對無數種轉移帳面財富的方法所產生的那些反應，而不是一般人在儲蓄被課徵的租稅提高後，隨即開始卯力增加消費的那種反應。而且那種避稅的反應並不是一種自然法則，而是各國政府的一種選擇。從一九八〇年代起，由於政府容忍非法避稅行為，所以資本對那類避稅手段的反應一直相當大，在那之前，資本對避稅手段的反應較弱（譯注：因政府較不容許非法避稅）。

我們也可以就企業盈餘的稅制歸納出相同的結論，企業盈餘是一般人普遍認為最有彈性的一種資本所得。大型企業對國際稅率差異所產生的反應，主要並不是將工廠搬遷到低租稅地點，而是將帳面盈餘移轉到租稅天堂。移轉盈餘的行為使資本無須真正移動。更廣泛來說，非常多證據顯示，企業稅率確實會影響企業在各個不同地域的行為。[21] 當某地的企業稅稅率上升，企業較不可能在當地設立登記股份有限公司，且較可能選擇採用不會被課徵企業稅的組織型態，像是合夥公司。當地的企業也會傾向於借更多錢，因為利息可列為所得扣除額。如果企業獲得暫時的投資稅額抵減，就會加速投資計畫。然而，上述種種選擇都不會改變一家企業的長期資本存量，也就是建築物、機器與設備存量。換言之，這些選擇都不代表降低企業盈餘稅將能提高勞工的工資。

經濟學「尚未證明」勞工「承受了」企業所得稅的「負擔」，這個事實和很多理論家希望我們相信的正好相反。如果那些理論家所言屬實，那麼，世界各地的工會早就乞求政府廢除企業所得稅了。事實上，現實世界中鼓吹「一般勞工……而非有錢的股東……受害於高企業稅」論點最力的人，就是有錢的股東。舉個例子，在二〇一八年的美國期中選舉期間，柯氏兄弟（身價各約五百億美元）支持的遊說團體，就花了兩千萬美元意圖說服選民相信川普總統調降企業稅的政策對工資有利。[22] 相同的，經濟學也尚未證明勞動力的租稅是由資本負擔。

長期而言，資本稅大致上是由資本負擔，而勞動力租稅則大致上由勞動力負擔。貧窮的民眾並不會因政府對富人課徵的租稅而受苦，相同的，富人也不會因窮人被課徵的稅捐而受害。

累進所得稅日薄西山

目前沒有任何證據可證明降低資本稅並提高勞動稅是有益的，但已有事實證明這麼做會造成難以抹滅的代價。降低資本稅並提供勞動稅不僅會危害到全球化的永續性——若全球化還是繼續讓全球化的主要贏家享受更低的租稅，來自保護主義者的後座力就有升高的風險。更何況，這也開啟了一種可能致命的避稅模式：將勞動力所得轉移為資本所得。低資本稅稅率會鼓勵有錢人將被課徵高稅率的工資所得，重分類為較低稅率的資本所得。這兩種所得之間的稅率落差愈大，進行這類轉移的誘因就愈大。隨著那樣的所得轉移行為成為主流，將會製造一個嚴重的問題：個人所得稅的消滅，而個人所得稅是現代租稅系統中最主要的累進要素。

當然有很多情況的所得不可能轉移。教師、一般職員和多數其他員工永遠都不可能將他們的工資假稱為股利。但有錢人幾乎不費吹灰之力就能移轉他們的所得。實務上移轉所得的做法就是設立登記股份有限公司。

舉約翰為例，他是一名成功的律師，一年的收入高達一百萬美元，但平日他的個人支出只有四十萬美元。接下來想像一下二〇五〇年的情況：到那時，企業稅終於在連年租稅競爭的情況下徹底被消除。在那樣一個世界，約翰會怎麼做？他應該會成立屬於他自己的公司——約翰有限責任公司，並由這家公司（以股利的形式）發放四十萬美元給他，支應他的食衣住行等基本需求，另外，約翰也會把剩下的六十萬美元存下來。所以，儘管約翰實際上賺一百萬美元，卻只要針對那四十萬美元繳納個人所得稅。剩下的六十萬美元所得一毛也不需要課稅：他存下來的錢將是免稅的。在這個情況下，所得稅將變成一種單純的消費稅。

當企業稅稅率很低時，所有有錢人都會設法變形為企業，藉此謀取利益。律師、醫師、建築師和其他自雇型個人都能選擇以股份有限公司的型態運作。另外，金融資產的所有權人也可以將他們的股票和債券投資組合轉移給控股公司。民營公司行號的業主兼經理人則可以決定削減個人的工資，將較多個人收入保留在他們的企業。即使是像軟體工程師、財務分析師、專欄作家那樣的高薪員工，都可能一個個成為獨立的承包商（法人組織），屆時谷歌、花旗集團或《華盛頓郵報》為換取這些員工的勞動力而支付給他們的錢，名目上將不再是薪資，而是勞務費。

為因應「有錢人可能（譯注：為了避稅）選擇組成法人組織」的威脅，所有採用累進所得稅的國家也會課徵企業稅。企業稅是一種安全防護：防止有錢人向稅務機關隱匿個人的所得並假裝那是屬於某一家企業的所得。不過，企業稅的作用不僅止於此，它也能確保使用者付費：企業受益於基礎建設，因此也必須為那些基礎建設貢獻財源。不過，課徵企業所得稅的最大正當理由，也是企業所得稅和個人所得稅並存的最主要理由，就是為了防止非法避稅行為。一如《挑戰者號》太空梭的O形環（譯注：因O形環密封圈失效，導致這艘太空梭爆炸），若企業稅的機能失常，整個累進所得稅系統就會崩潰。

一旦每一名富人都成為一家企業，不僅累進所得稅會消滅（這時的所得稅變成只是一種消費稅），逃漏這種殘餘消費稅

（residual consumption tax）的可能性將會變得無限多。要怎麼逃這種稅？透過公司內部消費。以上述的約翰為例：約翰有限公司選擇不發放股利（應稅）給約翰，而是幫約翰的食衣住行等個人費用買單。這就是逃稅，實實在在的逃稅：正當的企業開支受到嚴格的監理，當然不包含花費在個人消費用途的支出。不過，一旦每個人都變成一家公司（即只對公司的股東負責，不對其他任何人負責的假公司），當局就會變得疲於奔命，不可能強制執行這些規定，也不可能監督這些企業的行為。舉一個貼切的實例：就在美國鄰近的智利，絕大多數的富人都成立了屬於他們個人的公司，並例行性地由公司支付個人費用，藉此逃稅。[23]

談到這裡，最根本的問題已擺在眼前：由於美國的企業稅稅率在二〇一八年大幅降至二一%——全球各地也的企業稅也隨之出現類似的趨勢。所以對富人來說，組成法人組織的利益更甚過往。對所有有能力存下大部分所得的人來說，現在非常值得不厭其煩地將自己變形為企業，因為這麼一來，沒有消費掉的全部所得只會被課徵二一%的稅率。

這是天馬行空的幻想嗎？並不是，目前世界各地已充斥這種移轉行為。[24] 可取得的歷史記錄和當今的情勢只有一個差異：直到近年來，各國政府都謹慎限縮有錢人的勞動力租稅與資本租稅稅率落差。這兩種稅率一向都存在落差，但通常只差幾個百分點。但由於目前全球各地的資本稅制崩潰，我們正重新走入一個未知的航行領域。

如果一九八〇年代的租稅庇護所讓你膽戰心驚，美國企業巨獸的盈餘移轉狂潮讓你感到氣餒，請屏息以待，我們正進入租稅不公不義的第三階段。沒有什麼事永遠不會改變，情況或許可能及時好轉。不過，若一切照舊，不作任何改變，新一波的非法避稅潮即將爆發。隨著租稅競爭愈演愈烈，並促使全球的企業稅稅率一路走低，下一場災難可能近在咫尺。

第六章

阻止租稅競爭

二〇一九年，國際貨幣基金要求一組專家就企業稅制與租稅競爭的未來發展提供他們的看法。參與這項問卷調查的多數專家回覆，在可預見的未來，租稅競爭「可能會更白熱化」[1]。由於每一個國家都擁有自主選擇其稅制形式的主權，所以，沒有人有能力強迫租稅天堂停止它們的財政傾銷行為。因此，這些專家一致認為，只要還有利可圖，某些國家絕對不會停止以低於鄰國的稅率來吸引人，而可移動的盈餘也一定會設法尋覓最低租稅負擔的地點。當然，過度濫用租稅競爭文化所造成的問題並非全無解方，不過有些人認為，由於全球經濟的整合度已愈來愈高，未來最好別妄想對跨國企業課徵高稅率，因為那是死路一條。

我們認為這個觀點是錯誤的。全球化的所有要素都不要求廢除企業稅。要不要消滅企業稅，選擇權操之在我。今日如火如荼的租稅逐底競爭是我們集體做出的決定所造成，或許那不是一個徹底自覺的狀態下做出的決定，也不是一個昭告天下般的公開決定，更不是一個經由透明且民主的辯論而做出的決定，但無論怎麼說，這都是一個選擇。我們大可以選擇協同各國的腳步，但我們卻沒有選擇那麼做。我們大可以選擇設法防止跨國企業在低租稅地點認列盈餘，但我們卻放任那些企業這麼做。總之，我們可以做出其他選擇，就算從今天開始也不算太遲。

為何各國無法協同合作？

為了釐清要如何擺脫目前的困境，必須先了解為何到目前為止，我們遲遲無法解決全球化所帶來的財政挑戰。

首先，這個問題有很多相對良性與時勢使然的解釋。金融全球化是近年來才形成的現象。目前世界上有接近二〇%的企

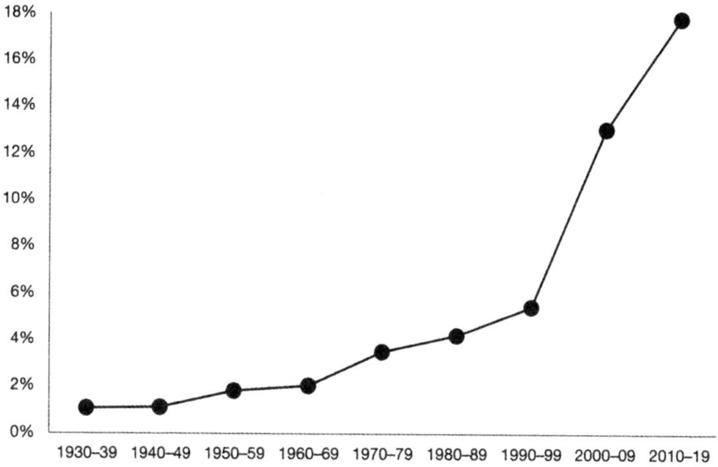

【圖 6.1】跨國企業盈餘的上升
（來自企業營運總部所在國以外的盈餘相當於全球盈餘的百分比）

附注：本圖描繪了企業來自其營運總部所在國以外的盈餘相當於全球盈餘占比的演變。幾十年前，這個占比非常低（低於五％），但過去二十年，這項占比持續上升，並在二〇一〇年代達到一八％左右。完整細節請詳 taxjusticenow.org。

業盈餘是來自企業總部所在國以外的地方。[2] 但在二〇〇〇年代以前，那個數字還不到五％；由於當時相關的金額並不算高，所以，這些盈餘是否被課徵適當的租稅，對國庫來說並不是那麼重要，因此也很少人——包括學術界與政策圈——在意這個問題。那就是跨國盈餘的遽增導致很多人措手不及的原因。當時各國的財政部會自始至終都假設一九二〇年代的那個移轉訂價系統能繼續實現原訂目的。誠如我們在前一章討論的，這個假設太過樂觀。而因那樣的思維，過去鮮少人思考有什麼系統能取代這個移轉訂價系統。由於各方對此漫無頭緒，才會讓企業得以在幾乎免受懲罰的情況下，大肆利用法律上的缺陷圖利。

另外，要釐清企業的非法避稅規模，是一件曠日廢時的工作，原因很簡單，跨國企業的活動並不透明。當局通常不要求企業公開揭露它們在哪些國家認列它們的盈餘。蘋果公司向美國證券交易委員會申報的年報中，只提供該公司的全球合併盈餘資訊，換言之，總部設於庫比蒂諾（Cupertino）的這一家巨型企業，並未公開揭露它在何處認列這些盈餘，即分別有多少盈餘是認列到它的愛爾蘭（並因此被愛爾蘭課稅）、德國或澤西島（Jersey）的子公司。一般大眾無從得知蘋果公司將多少資金移轉到租稅天堂，也無從得知其他巨型跨國企業的情況。

然而，無知也是顯而易見的罪魁禍首之一。就算沒有更多資訊來源或特殊的智慧，也能理解企業稅稅率為何劇烈降低。不過，除了單純的無知，我們做出那些選擇的理由當中，還有一些不是那麼良性的理由。

其中之一是，組成非法避稅集團的複雜勢力，成功遊說政策制訂者做出這個選擇。移轉訂價產業端賴一九二〇年代設置的企業稅制為生：所以，保護這個稅制對這個產業而言可謂攸關重大。舉個例子，如果當局選擇不逐一向企業的子公司課稅，而是以一個合併實體的模式來向企業課稅，就沒有理由計算子公司之間的交易價格，在那種情況下，移轉訂價產業將在一夜之間被淘汰。這牽涉到極巨大的利害關係：如今在私人企業擔任移轉訂價專業人員職務的人高達二十五萬名，有些隸屬四大會計師事務所，有些則是直接隸屬跨國企業的員工。[3]若單純將他們視為被動的局外人，未免也太過天真，畢竟政策的設定攸關這些人的生計來源（譯注：避稅產業）的存亡。

非法避稅產業也卯足全力設法確保國際間盡可能不要採取協同的行動，因為它是各國不採取協同行動的既得利益者。畢竟若所有國家都採用一致的稅率，企業就不會在乎是否要將盈餘從某一地移轉到另一地，沒有理由將某個子公司的專利轉移到另一家子公司，也沒有理由向盧森堡的關係企業借錢。百慕達的企業稅政策對整個世界而言固然像一種劇毒，但對普華永道來說，那卻是大大的恩惠。四大會計師事務所希望你相信租稅競爭是不可避免的，或甚至有好處——或兩者兼具。但真相是：若沒有租稅競爭，他們的業務將大幅減少。

非法避稅產業向來以「租稅競爭是好事」的說詞來合理化他們的遊說活動；他們主張，若沒有租稅競爭，政府就會過於坐大。根據這個世界觀——政治科學家喬福瑞．布瑞南（Geoffrey Brennan）與經濟學家詹姆斯．布坎南（James Buchanan）等人都為這個觀點辯護[4]——透過民主方式選出的多數人代表，將對財產的所有權人課徵過高的稅賦，屆時這些財產所有權人將成為「多數人的暴政」下的受害者。而為防範這樣的風險，政府必須接受強大的約束，例如經由國際競爭而產生的約束力。這個概念和知識分子長期以來尋求經由一些非民主（nondemocratic）機構（例如憲法規定與法院）來剝奪民主的傳統不謀而合，尤其針對民主的財產監理規定。

本質上，「徵收租稅的權力必須接受制衡」的概念絕不荒謬。租稅政策該怎麼設計才正確？這是一個可以開放辯論的問題，但憲法與法律約束是設計租稅政策時絕對必須置入的要素。然而，「租稅競爭是好事一樁」的觀點，導致有錢人對民主的不信任上升到一個新境界：他們認為就算有法院、憲法與制衡制度也不夠，唯有百慕達才能保護他們免於受「多數人的暴政」的傷害，並幫助他們馴服利維坦巨獸（Leviathan，譯注：指國家權威）；因為即使是崇高不可侵犯的憲法規定，都可能無法充分保障個人的財產。根據這個觀點，若涉及稅制，民眾沒有能力理性自我管理。

雖然我們難免企圖將這個理論貶抑為某種邊緣化的自由主義幻想和美國人特有的怪癖，但低估這個理論很可能是錯誤的。因為這個意識形態已在美國及其他地方留下深刻的印記，包括歐盟。歐盟條約（Treaty on European Union）——歐盟最接近憲法的一套規定——規定，除非所有成員國全體一致同意，否則不能採納共同租稅政策，而這項規定實際上已使租稅競爭變得根深蒂固。任何一個國家，無論是多小的國家，都足以妨礙歐盟內部所有促進稅率一致化的作為。換言之，諸如盧森堡（人口僅六十萬）等小國的意願，足以凌駕在五億歐洲人的意願之上。由於歐洲小國與大國之間的經濟利益分歧（較小的國家有極大籌碼可在租稅競爭中勝出），所以這項規定形同阻礙任何形式的租稅協同。儘管各方鮮少昭告天下般地公開陳述，但這項規定的根本理論基礎似乎是：歐洲的福利國規模過大，需要租稅競爭來促使這些國家變得節約一些。根據這個世界觀，民主無法完成這件任務。即使是煞費苦心的後民主（post-democratic，譯注：指新自由主義全球化導致議會角色衰退與主權喪失等現象）歐洲機構（歐洲委員會的非民選、無黨派的公正政策制訂者）都將無力控制社會支出。義大利需要馬爾他才能更節儉一些；法國需要盧森堡，而希臘則需要賽普勒斯。

但在現實世界，租稅競爭造成的代價遠遠超過一般所假設的租稅競爭利益。誠如我們先前討論的，若沒有足夠高的企業稅，就不可能實現累進所得稅，因為有錢人會趁著企業稅稅率很低時變形為企業，從而將所得稅轉化為（幾乎難以強制執行的）消費稅。而若無累進所得稅，幾乎就不可能解決不平等情勢的惡化。當然還有一系列的政策能幫助減輕不平等的程度，包括提高最低工資，乃至改革企業的公司治理、讓民眾更能平等地接受較高等教育、改善智慧財產的監理，以及遏制金融產業的不節制等。不過，在歷史上，累進所得稅一向是遏制財富集中化的最有效工具。[5]

作為民族，作為彼此息息相關的國家，我們目前正站在一個抉擇點。若放任租稅競爭持續發展，租稅不公不義將更形惡化，不平等的情勢也會加劇。幸好我們還有其他同樣可行的途徑。阻止租稅競爭的急遽惡化是可能的：期待大型跨國企業在可預見的短期內乖乖配合繳納合宜的稅款並非空想。一個有效的行動計畫必須具備四個支柱：樹立典範（exemplarity）、協同、防禦對策，以及對搭便車者的懲罰等。

國家的責任

首先，樹立典範意味每個國家都必須善盡管轄本國跨國企業的責任。美國應該確保若美國企業在海外的納稅金額不足，至少必須在美國支付它們應繳的稅。義大利也應該這麼對待義大利的企業，法國也應該用相同的方式對待它的「國家隊」。

要了解如何「樹立典範」，且讓我們看看一個具體的例子。想像一下，義大利汽車製造商飛雅特（Fiat）將無形資產移轉到其他地點，並藉由操縱集團內部交易，順利在愛爾蘭賺了十億美元，只被課五%的稅，並在澤西島（海峽群島〔Channel Islands〕之一）賺了十億美元，此地的稅率為零。這種種行徑的問題是：飛雅特實際繳納的稅金遠遠低於它理當繳的稅；尤其遠比義大利的國內導向型企業低。我們稱飛雅特因上述種種操作而少繳的稅金為稅收赤字（tax deficit）。幸好義大利有充分的自由可向企業徵收租稅天堂選擇不徵收的這些稅金，從而削減稅收赤字。具體來說，羅馬當局可以針對飛雅特在愛爾蘭的盈餘課徵二〇%的稅率，也可以大刀闊斧地對該公司在澤西島的盈餘課徵二五%的稅。更概括來說，義大利能輕易課徵修補稅（remedial taxes），讓飛雅特在每個它有營運活動的國家的有效稅率都達到二五%。

義大利用這種方式降低飛雅特的稅收赤字，並不會違反任何國際條約。這個做法無須與租稅天堂合作。或許更令人驚訝的是，當局甚至不需要使用新數據：必要的資訊原本就存在。在公民社會組織的壓力下，跨國企業活動的神祕面紗已漸漸被揭開。目前大型企業依規定必須逐一申報它們在各國的盈餘與稅金，這是 OECD「稅基侵蝕與利潤移轉」創議的一環。當然，我們距離財務全面透明的時代還非常遙遠：這些逐國申報數字並非公開資訊；只有租稅主管機關才能取得這些數據。但無論如何，至少這些數據是存在的：目前蘋果公司必須向美國國稅局申報它在世界各國分別賺了多少所得；萊雅公司（L'Oreal）必須向法國國稅局申報相似的資訊，飛雅特則必須向義大利國稅局申報。大約有七十五個國家已開始收集那一項資訊，或承諾將在近期內開始收集這項資訊，包括所有大型經濟體。[6]

這似乎是一個單調乏味的租稅管理問題，不過，它一點也不單調乏味；拜這個豐富的新資訊來源所賜，各大國終得以用有史以來最輕鬆的方式，善盡管轄本國跨國企業的責任。美國、法國、義大利：任何國家都能確保它的國家隊企業繳納諸如二五%的最低稅率，無論它們的營運活動位於何處。任何國家實質上等於可扮演本國跨國企業的最終租稅徵收者（tax collector of last resort）。如果蘋果公司在澤西島只繳納二%的稅，那麼美國可以徵收短繳的那二三%稅金。巴黎的奢侈品集團開雲公司在瑞士認列盈餘，所以只繳納五%的稅金。在這個情況下，巴黎當局可課徵它短繳的二〇%稅金。那樣的政策將立即消除跨國企業在租稅天堂認列盈餘的所有誘因。這些企業還是無須就它們在百慕達認列的盈餘在百慕達繳納任何稅金，不過這麼做沒意義，因為不管在百慕達等租稅天堂節省多少稅，它們都必須在本國補繳在其他國家省下的稅金。

以這種方式來管轄跨國企業，將能引導非常巨額的資金回到本國。利用美國國稅局在二〇一九年首度發表的美國企業二〇一六年逐國報告表格，就能計算出若美國向本國的跨國企業課徵這項修補稅，將能徵收到多少稅金。二〇一六年，大型美國企業在全球各地賺了大約一．三兆美元的盈餘。這些企業共針對這筆總盈餘，（向美國與外國政府）繳納了二千六百二十億美元的稅金，換算下來，這些企業的全球平均有效稅率為二〇%。不過，這些企業在很多國家的稅率很低：在巴拿馬認列的兩百二十億美元盈餘沒有繳稅；在開曼群島認列的兩百四十億美元盈餘也沒有繳稅；移轉到波多黎各的三百九十億美元盈餘只繳納二%的稅等等。如果對每一國的盈餘都課徵二五%的最低稅賦，那麼，在其他條件不變的情況下，二〇一六年的美國就可額外徵收到一千億美元的額外稅金，這筆金額相當於將美國跨國企業的全球有效稅率提高七個百分點：從二〇%提高到二七%。[7]

當然，如果美國早在二〇一六年就設置上述修補稅，美國企業在百慕達認列的盈餘就會比較低，在高租稅國家認列的盈餘則會比較多（畢竟這是實施這個政策的根本理由）。換言之，美國企業在百慕達認列的某些盈餘理當就會在美國認列，並被美國課稅，使山姆大叔的稅收增加。但其中某些盈餘也會被認列到德國和法國，那意味若美國開徵上述修補稅，額外徵收到的稅金將低於一千億美元。重點是，美國企業——最終來說，即那些企業的股東，其中多數是美國人——將不得不在全球各地（譯注：含美國）多繳納一千億美元的稅。此外，美國也將受惠於其他國家課徵的修補稅：如果法國明天對它的國家隊課徵最低稅賦，法國企業就會降低它們在盧森堡認列的盈餘，並在美國認列更多所得，從而使山姆大叔的國庫收入也隨之增加。

「各大國家將在近期的未來開始善盡管轄本國跨國企業的責任」是一個務實的期待嗎？的確是，因為這項行動對各國有利。租稅競爭使某些國家成為贏家，某些成為輸家，但所有大型經濟體都注定成為租稅競爭戰場上的輸家，這和貿易不同。所以，大國有明確的誘因阻止這種庇護遊戲。誠如我們在第四章討論過的，即使小國採用極低的稅率，它們徵收到的企業所得稅稅收還是相當高（相對其國民所得而言）。這些小國顯著受益，因為它們吸引到的外國盈餘，相對其國內稅基而言非常巨大。不過，大國無法經由仿效小國的這個做法而獲得顯著的利益。的確，大國或許可為了吸引外國盈餘而降低稅率，但由於大國的國內企業部門適用的稅率也會因此同步降低，屆時它們的稅收金額會減少更多。到最後，大國每次調降稅率，徵收到的總稅金勢必都會降低。舉一個貼切的實例：美國二〇一八年的減稅，導致聯邦企業所得稅稅收降低了四五％，幅度驚人。[8] 美國和馬爾他不同，美國永遠也不可能經由成為一個租稅天堂來提高政府的國庫收入。

重點是：由於幾乎所有跨國企業都選在大型經濟體設置它們的企業總部，所以，羅馬、柏林和華盛頓的立法人員一定有辦法終結這場遊戲：只要針對它們的跨國企業在低租稅國家認列的盈餘徵收盈餘修補稅即可。[9]

第一個關鍵教誨是：即使租稅天堂不提高稅率，國際租稅競爭的急遽惡質化還是有可能被終結。小國可能經由實施低稅率而獲得巨大的利益，但那不會成為其他國家此時此刻提高企業盈餘之有效租稅的障礙。

國際協同刻不容緩！

值此時刻，你可能想知道，如果大國真的開始善盡管轄本國跨國企業的責任，並開始扮演「最後租稅徵收者」，將會發生什麼事。到時候，難道飛雅特、蘋果和和萊雅公司不會將總部遷移到租稅天堂嗎？幸好解決這個威脅的方法不只一個，其中，最重要的方法是透過國際協同。

誠如我們先前討論的，多數國家早已同意調整法律，以一致性的規定來限制最膽大妄為的盈餘移轉行為。顯而易見的，下一步是由各國達成共同最低租稅協議：二十大工業國（G20，它包含世界上所有最大型的經濟體）可以全體同意對本國的跨國企業——無論其營運活動在何處發生——課徵二五％的最低稅率。畢竟這些國家已經掌握了開徵這項最低稅賦的資訊，而且，由各國扮演租稅最後徵收者，也符合各自的國家利益。說來或許有點奇怪，儘管近幾年租稅競爭愈來愈白熱化，但解決方案其實近在眼前。

但 G20 共同認可的最低稅賦將無法解決所有問題。企業依舊能將企業總部遷移到租稅天堂，以達到非法避稅的目的。這個議題已漸漸成為公共辯論領域的重要話題。以美國來說，「稅賦倒置」（tax inversion）的幽靈（美國企業與愛爾蘭或其他低租稅地點的外國企業合併），正陰魂不散地糾纏著各國的政策制訂者。

不過這個危險被誇大了。儘管租稅倒置的話題不斷，實際上卻鮮少企業真的將總部遷移到熱帶島嶼。不可否認，過去有一些挺高調的案例：埃哲森諮詢公司（Accenture）在二〇〇一年從芝加哥倒置到百慕達（後來又搬遷到愛爾蘭）；財務顧問公司拉札德（Lazard）在二〇〇五年將紐約企業總部搬遷到百慕達；還有，膳食補充劑公司賀寶芙（Herbalife）從二〇〇二年起就是開曼群島的榮譽居民。根據彭博社（Bloomberg）所維護的逃稅追蹤器，一九八二年至二〇一七年，共有八十五家美國企業放棄美國國籍（其中很多隸屬製藥產業部門，且多數企業多數鮮為人知）。[10] 除了上述企業，我們還可以加入幾家從成立後就將總部設在境外金融中心的企業（或是很久以前就搬遷），其中最值得一提的，或許是油田服務業巨擘斯倫貝謝公司（Schlumberger），它的總部設在南加勒比海的庫拉索島。

這些現象聽起來固然頗令人憂心，但若你體察到這些個案不過只是滄海中的一粟，就不會那麼恐慌。目前世界前兩千大企業當中，只有十八家企業的總部設在愛爾蘭，十三家設在新加坡，七家位於盧森堡，還有四家設在百慕達。[11] 依然有接近一千家企業的總部是位於美國和歐盟，而剩下的多數大企業的總部則是設在中國、日本、南韓以及其他 G20 國家。

儘管誘因非常多，卻只有少數企業倒置，根本的原因或許是企業的國籍不容易操縱。企業國籍的定義受嚴謹的規定約束。舉個例子，一旦某企業在美國設立登記，它就不能將總部遷移到海外：就算是將總部遷移到海外的美國企業，美國政府還是會基於租稅目的，將之視為美國企業。唯有被外國收購，美國企業才能改變其國籍；換言之，唯有和外國企業合併，美國企業的國籍才可能改變。而且要構成合法有效的倒置，相關的合併案件還必須符合特定條件，且這些條件隨著時間而變得愈來愈嚴格，尤其是二〇一六年歐巴馬總統仍在位時。最重要的是，企業的所有權必須產生意義重大的實質變化才能轉換國籍：就算一家美國企業和位於茫茫大西洋上的某百慕達空殼公司合併，它也不能成為百慕達籍企業。所以實務上來說，美國企業巨擘根本不可能搬遷到加勒比海的無人小島。從歐巴馬訂定監理規定後（目前為止，川普還保留這些規定），企業已經完全停止稅賦倒置行徑。

第二個關鍵的教誨是：即使是只有少數幾個大國參與的國際協同，還是有可能遏制非法避稅行為。如果 G20 國家明天開始對本國的跨國企業課徵二五％的最低稅率，世界上就有九〇％以上的盈餘會隨即被課徵二五％以上的有效稅率。

如何徵收非法避稅者的稅收赤字

國際協同需要時間，而且在可預見的未來，國際協同的程度可能還是相當有限。也因如此，我們的行動計畫的第三個面向和防禦措施有關，也就是：應該如何應對將總部設在拒絕參與國際協同的國家的企業？

且讓我們舉一個具體的實例：瑞士的雀巢公司（Nestle）。假定瑞士拒絕善盡管轄本國跨國企業的責任（或許是因為瑞士認為耍流氓符合國家利益，或者因為該國的政策制訂者被有錢的股東綁架），因此雀巢公司只被課徵非常低的稅率，且瑞士拒絕採納各國共同認可的二五％最低稅率。就這樣，瑞士造就了一家從事非法避稅行為、能任意將盈餘轉移到境外租稅天堂、且完全不會受罰的企業巨獸。在這個情況下，該採取什麼因應對策？

簡單說，高稅率國家應該徵收瑞士拒絕向雀巢公司徵收的租稅。最簡單的機制是將瑞士企業巨擘雀巢公司的全球盈餘分攤給它有從事銷售活動的國家。如果雀巢公司的二〇％全球銷售額來自美國，不管雀巢公司雇用哪一國的員工，不管雀巢的工廠設置在何處，總部位於何處，專利在哪裡登記等，美國都可斷言該公司的二〇％全球盈餘來自美國，並認定這部分盈餘應適用美國的稅率。如果雀巢公司的一〇％全球銷售額來自法國，那麼，巴黎當局也一樣可將雀巢的一〇％全球盈餘視為法國的應稅所得。

這是天馬行空的幻想嗎？一點也不，因為目前美國多數的州就是以這樣的方式徵收州企業稅。美國有四十四個州設置州企業稅（最高是愛荷華州的一二％），而州企業稅是聯邦企業稅之外的企業稅。加州租稅當局為了判斷可口可樂有多少盈餘應繳納黃金州（譯注：即加州）的稅賦，它會先依照可口可樂來自美國各州的銷貨收入比例，計算該公司應分攤到各個州的盈餘金額。諸如堪薩斯、阿拉斯加與馬里蘭等州，則採用較複雜的分攤公式，不僅將銷貨收入的地理區域列入考量，也將該公司的財產與員工所在地列入考慮。不過，長期下來，美國多數州的做法漸漸趨向一致，採用只以銷貨收入來源地為基礎的公式。依照各州盈餘分攤金額來徵稅的機制，是通過時間考驗的機制，加拿大各省與德國各邦也都採用這個機制，[12] 因此，各國（不僅地方政府）絕對有能力順暢實施這個系統。

實務上還有一個更健全的機制可用來打擊非法避稅者。高租稅國家可以直接分攤雀巢公司的稅收赤字（而不採用分攤雀巢公司全球盈餘的方式），達到打擊非法避稅行為的目的。具體來說，美國（以及其他所有想打擊非法避稅者的國家）先計算雀巢的全球稅收赤字，即若雀巢在所有營運活動所在地的國家都適用二五％的最低有效稅率，它總共會被迫多繳多少稅金。接下來，如果這個企業巨擘的全球銷貨收入有二〇％來自美國，那麼，山姆大叔便向雀巢收取該公司的二〇％全球稅收赤字。若採取這個做法，美國和雀巢的其他銷貨收入來源國等於是扮演瑞士不願意承擔的角色，即租稅的最後徵收者。

這個解決方案有很多優點，但就我們所知，以前沒有人提議過這個方案。

首先，這是立即可行的方案。誠如我們討論過的，跨國企業在各國的盈餘、租稅和銷貨收入等，是現成的資訊。以雀巢來說，原本只有瑞士的租稅主管機關能收集到這些資訊，但自二〇一八年開始，它已自動和其他國家交換這些資訊。根據OECD的數據，二〇一九年二月時，已有超過兩千組國家（譯注：一國對一國）自動交換逐國的報告。[13] 法國、美國和多數其他國家（雀巢公司有從事產品銷售活動的）已掌握了可計算雀巢全球稅收赤字的資訊，並可就這些尚未支付的稅金徵收屬於它們應得的部分。即使這些國家還沒有掌握相關資訊，還是能輕易要求取得這些資訊。各國在許可外國企業進入其本國市場的時，本來就會先設下各式各樣的准入條件，例如安全性監理規定等。所以，各國當然能輕易增加諸如最低會計透明度等新規定，要求有意進入其本國市場的企業切實遵守新規定。

這個解決方案的第二個優點是它並不違反現有的國際條約。多年來，各國為防範企業遭雙重課稅的風險，簽署了非常大量的公約。實務上，這些條約與這些條約之間的彼此矛盾，反而開啟了各種非法避稅行為的防水閘門。儘管如此，很多國家的政府和 OECD 依舊執著於這些公約，另外，有心人士也以租稅改革可能破壞這些神聖不可侵犯的公約為由，阻擋有心推動企業租稅改革的人。不過，由於我們提議的防禦性租稅只有在企業納稅金額低於最低的二五％標準稅率時才會被課徵，所以這個解決方案絕對不會造成任何形式的雙重課稅，當然也不會違反雙重課稅條約。

所有國家都有誘因採納上述防禦性租稅，原因很簡單，因為每一個國家都能因成為「租稅的最後徵收者」而獲益。不這麼做等於是平白把錢留給其他國家！如果跨國企業的主要銷貨收入來源國都能實施這項防禦性租稅，每一家企業的稅收赤字就會全部被分攤給這些國家。即使總部設於百慕達的企業，一樣會面臨二五％的最低有效稅率，無處可躲藏。

制裁租稅天堂

當然，我們不該低估非法避稅集團的智慧。未來「魔高一丈」的律師還是可能找到一些新漏洞。也因如此，一個有效率的行動計畫還需要具備第四個要素：制裁出賣國家主權並讓非法避稅者得逞的租稅天堂。

對不合作的租稅天堂實施制裁，有非常扎實的經濟論據。每一個國家都有權力執行它的法律，不過一旦這些法律可能產生重大的負外部性，其受害者有權報復。當一個國家拒絕參與實施最低限度的全球標準（例如二五％的有效稅率，無論是就國際或歷史視角而言，這個稅率都不算特別高），代表它從事只能讓某些小國（更重要的是全球股東）的國庫受益，但其他所有國家都被犧牲的最極端傾銷行為。諸如此類的做法應該加以阻止，例如威脅將針對外界與那些不合作的租稅天堂之間的金融交易課稅，促使這些國家改弦易轍。誠如我們在第三章討論的，由於美國威脅將課徵金融交易稅，現已成功迫使各租稅天堂自動與美國國稅局分享銀行資料；這是一個良好的開始，後續有機會從這個起點出發，實現很多人認為遙不可及的全新全球合作模式。我們可以採用相同的方法，說服拒不合作者加入共同企業所得稅標準。

當然，也有人反對這個方法，反對者的主要論述是，租稅是一種國家特權，故以外力強迫某個國家提高它的企業稅稅率，形同侵犯它的國家主權。以前瑞士正是以「侵犯主權」為藉口，來為它堅守銀行保密性且堅拒與其他國家租稅機關合作等行徑辯護（但後來在美國施壓下，瑞士最後終於改弦易轍）。美國是在一連串醜聞導致境外不法勾當的規模浮上檯面後，開始對瑞士施壓。若要促成改革，關鍵在於量化租稅天堂對其他國家造成的負外部性。如今那一項數據終於漸漸可取得——各跨國企業在其營運所在的每一個國家認列的盈餘金額，已是可取得的資訊，所以，美國和法國等國家也終於有能力估計愛爾蘭的租稅政策導致美國和法國等國短收多少稅收了。從今而後，國際間也不再有藉口漠視某些國家對其他國家所造成的財政外部性。

從逐底競爭轉為向上競爭

未來哪一條途徑才具政治務實性？期待所有 G20 國家都同意善盡管轄本國跨國企業的責任、加入租稅的最後徵收者行列，並對租稅天堂實施制裁等，可能過度樂觀。不過，我們認為至少有某些國家會這麼做，這稱不上不合理期待。世界上大約有一半跨國企業的總部設在美國和歐盟；這兩大經濟體的消費共占世界消費總額的五〇%以上。如果這兩大經濟體聯手採納我們提議的系統，將會有高達七五%的全球盈餘被課徵二五%以上的稅：美國與歐盟所有跨國企業的盈餘（相當於五〇%的全球盈餘）加上其他所有企業的一半盈餘（二五%）。我們認為，未來幾年大西洋兩岸的所有合作提案，都應該納入符合這個本質的協議，並以達成這些協議為主要目標之一。

更廣泛來說，要在政治上取得進展，必須將租稅列為貿易政策的核心議題。未來各方不應簽署任何未納入租稅協同協議的貿易協定。有什麼理由簽署對外國投資人財產權極度保障（當前多數自由貿易協定就是如此）但全然漠視租稅的條約？所有權不能只是享受權利而不承擔租稅義務。

如果最低租稅夠高，國際租稅競爭的邏輯就會被顛覆。一旦租稅不再是重要考量，企業自然會朝擁有高生產力勞動力、優質基礎建設與高購買力消費者（可購買它們的產品）的地方前進。到時候，各國將不再競相以降低稅率的方式吸引企業，而是會提高基礎建設支出、為了讓更多人可接受教育而投資，並為研究活動提供資金。一旦如此，國際競爭的主要目的將不僅是改善股東的盈餘，也能協助改善各國國內的平等。

此外，任何事都無礙各國將最低企業稅稅率提高到二五％。舉個例子，想像一下，美國明天就單方面採納五〇％的企業所得稅稅率，將會發生甚麼事？在過去，即使美國的稅率遠高於 OECD 國家的稅率（一九九〇年代末期至二〇一八年的情況便是如此），還是鮮少美國企業為了避稅而從事租稅倒置作業。不過，且讓我們想像，面臨五〇％稅率的美國企業可能會耐不住誘惑，紛紛將其總部遷移到海外。更進一步來說，若所有新創企業都只在美國以外的地點成立，該怎麼做？不管是上述哪一種情境，山姆大叔都還是能經由實施稅率五〇%的防禦型租稅，徵收到可觀的稅收。企業沒有任何方法可規避這個措施：只要這些企業在美國從事銷售活動，從美國取得銷貨收入，且在美國以外的國家所繳納的稅率低於五〇%，它們一樣必須在美國納稅。

全球化不會導致各國無法課徵高企業所得稅，這和接受IMF問卷調查的專家所想的相反。佯稱企業所得稅稅率逐底競爭乃天經地義，並主張「制裁租稅天堂」是一種反自由貿易的罪惡的那些人，並非全球化的捍衛者——資本稅的消失不會使全球化的風潮永續發展，資本稅的重新改造才能讓全球化永續發展。而在改造資本稅時，競爭不能解決問題，協同才能解決問題。忽略財政議題的自由貿易協定無法解決問題，國際間促進租稅協同的協議才能解決問題。當一般人接納這些概念，累進稅制就注定不會消失——而是能在一個一體化的全球經濟體系中得到改造並擴大實施。

第七章

向有錢人課稅

當年還是總統候選人的川普吹噓非法避稅讓他顯得很聰明後，最後終於也具體說明他究竟是發揮了什麼會計本領才無須繳稅。川普在第二場總統辯論會中說道：「我有一筆沖銷（write-off），其中多數是折舊，折舊是一種美好的費用。」「我愛死折舊了。」川普為了強化「租稅系統是一場作弊競賽」的論點，繼續舉例說明希拉蕊・柯林頓的有錢金主一樣也沒有繳很多稅。「她的很多朋友享受到更多的所得可扣除額。華倫・巴菲特就申報了巨額的可扣除額。」

沒有人知道在川普內心深處，所謂「巨額可扣除額」是什麼，不過，由於巴菲特一向信誓旦旦地公開表示將在有生之年捐出多數的財富，所以慈善捐款的可扣除額可能就是其中一項。身為波克夏海瑟威公司（Berkshire Hathaway）董事長兼執行長，巴菲特對於這項無端指控，迅速在隔天針對個人稅務的細節發出一份聲明。巴菲特表示；「我的二〇一五年申報書表顯示，經調整的所得毛額為一千一百五十六萬三千九百三十一元。」和川普在電視上所主張的相反，巴菲特並未申報巨額的可扣除額，而且巴菲特確實有繳稅：「我那一年的聯邦所得稅金額是一百八十四萬五千五百五十七美元。在那之前幾年的所得稅申報資料也很類似。自一九四四年起——那一年我才十三歲——我每年都繳納聯邦所得稅。」巴菲特提出這份聲明的目的，是為了證明人稱「奧哈馬的先知」（Oracle of Omaha，譯注：外界對巴菲特的美稱）的他，是一位負責任的公民，絕對不像實境秀名人川普那樣逃避對社會的責任。

但事實上，這份聲明卻透露了相反的訊息。根據《富比世》雜誌的報導，巴菲特二〇一五年的總財富為六百五十三億美元。我們並不清楚這些財富的精確報酬率，但且讓我們保守假設那些財富的報酬率為五％。如果真的是如此，那代表巴菲特二〇一五年的稅前所得，應該至少有六百五十三億美元的五％，也就是三十二億美元。巴菲特雖自豪地公開揭露他那一年繳了大約一百八十萬美元的聯邦所得稅，但和上述估算報酬比起來，他繳的稅金簡直比九牛中的一毛還要少。只要敲敲計算機就知道，儘管川普吹噓他沒有繳稅，但自認道德形象和川普差距甚遠的巴菲特，實際上的有效所得稅稅率也只有大約〇・〇五五%。

每一個誠實納稅的人都一樣；每一個非法避稅者也各有一套逃避繳稅的方法。川普從他父親那邊繼承了巨額的財富，但他設法規避了繳納遺產稅的義務，接下來，他又善加利用租稅規劃產業為他量身訂做的各種非法避稅方法，降低他的應納所得稅金額。[1]巴菲特則是走另一條不同的路線。他的財富主要是波克夏海瑟威公司的股份。該公司沒有發放股利，而它轉投資其他股份有限公司後，也強迫那些企業停止發放股利。這個做法產生了什麼影響？幾十年下來，巴菲特的財富持續累積，但因為財富藏在他的公司，所以他免繳個人所得稅。不斷再投資的盈餘使波克夏海瑟威公司的股價年復一年不斷上漲，目前該公司的每股股價已達到大約三十萬美元，是一九九二年的三十倍。巴菲特只消賣個幾股的股票，就能應付他的所有需求。舉個例子，只要以每股三十萬美元賣掉四十股的波克夏股份，巴菲特的個人銀行帳戶就能進帳一千兩百萬美元。到時候他只需要針對他真正實現的少量資本利得繳納微不足道的稅金，而且接下來不用針對這筆收入再繳其他稅金。

眾所皆知，巴菲特的確曾公開感嘆他繳的稅太少，立法人員也已提出了修正這種不公不義情事的提案。其中最著名的作為，是歐巴馬在二〇一一年與希拉蕊在二〇一六年所倡議的提案，這些提案牽涉到針對年度所得達一百萬美元以上的個人課徵三〇％的最低稅賦。這項「巴菲特條款」（Buffett rule）已成為民主黨租稅平台的支柱。這項條款理當能解決巴菲特所反映的問題：由於資本利得稅的最高稅率（二〇一九年時為二〇％）低於薪資稅（三七％），所以巴菲特的所得（他的所得多半是資本利得）被課徵的稅率低於他的祕書（祕書的所得多半是薪資所得）。不過，還有一個問題沒有解決：巴菲特賣出少數股票後被課徵二〇％稅率的那些所得相對他的實際所得而言，簡直微不足道。就算是針對這些微不足道的所得課徵三〇％的稅率，對巴菲特來說還是不痛不癢。所以就算「巴菲特條款」真的頒布施行，巴菲特個人的應納稅額也不會因此產生有意義的差異。

川普和巴菲特各自坦承他們的納稅金額微不足道。即使是開心納稅的億萬富翁，對國庫的貢獻都不多。誠如我們先前討論過的，若將所有租稅列入考量，超級富豪的整體有效稅率比中產階級更低。所以，到目前為止被端出來的多數提案，都對這個問題沒有太大的矯正效果。我們要如何擺脫這一團糟的局面？

為了幫助窮人

第一個應該問的問題和目標有關，應該對有錢人實施多高的稅率才是最理想的？這個問題可以用幾個方法來思考，不過，社會正義理論（theory of social justice）是一個好起點；這個理論是哲學家約翰・羅爾斯（John Rawls）正式提出，它獲得社會科學家的廣泛支持。根據羅爾斯的說法，如果社會與經濟不平等能使社會上最脆弱的成員獲得更高的生活水準，那麼，社會與經濟不平等就是可接受的。[2] 若應用到租稅政策，這個觀點暗示，我們不該為了有錢人擁有多少金錢利益而庸人自擾，只要關心有錢人的課稅方式會對其他所有民眾造成什麼影響就好。換言之，目標不應該是「讓有錢人繳納他們應付的合理稅金」(「應付合理稅金」的概念有點模糊)，而是要確保某些人的大財富能讓最沒有錢的人受益，生活得以改善。

具體而言，這意味如果提高最高稅率會導致實際徵收到的稅金減少（例如這導致有錢人減少工作量），就應該降低稅率。在這個情況下，降低有錢人的租稅將能提高政府的稅收金額，可用於醫療、兒童照護及其他有助於改善窮人生活條件的社會服務的財源也會增加。相反的，只要提高稅率能徵收到額外的稅收，稅率也應該持續提高，因為較高的稅收對社會上最弱勢的成員有益。總而言之，對富人課徵的最適稅率，就是能徵收到最多稅金的稅率。在經濟學家的圈子裡，這並不是一個高度爭議的目標。而且，這個答案也非常符合直覺：每個人都可能認同一個觀念：窮人手上的額外一美元較比爾・蓋茲手上的額外一美元有價值得多。向有錢人多課徵一些稅金，並不會導致他們無力負擔優質的孩童照護，但如果提高稅率能讓為有錢人煮咖啡或清潔房屋的人得以負擔優質的孩童照護服務，那麼，提高稅率就是值得的。[3]

詳細思考這個目標，就會發現租稅問題成了一個應用工程（applied engineering）問題。一九二〇年代的天才數學家暨經濟學家法蘭克・拉姆齊（Frank Ramsey）便正式證明，如果所有納稅人都面臨相同的稅率，那麼，促使政府稅收最大化的稅率，將與應稅所得的彈性成反比。[4]這是什麼意思？我們已在第五章討論過彈性。如果應稅所得沒有彈性，意味當稅率提高，申報的所得金額也不會改變很多。在那個情況下，當美國財政部提高稅率，也能機械式地徵收到更多稅金。相反的，如果應稅所得很有彈性，那麼，高稅率會導致稅基嚴重降低，財政部就無法如願增加很多稅收。這就是最適租稅的根本法則，也稱為拉姆齊法則：政府不應該對有彈性的所得課徵太多稅。

拉姆齊的方法非常侷限。他的方法只考慮到單一稅率，也就是所謂的平頭稅，但平頭稅是一種粗糙的工具。原則上，所得稅可設計為累進式所得稅，即較高的所得被課徵較高的邊際稅率。實務上，誠如我們已討論過的，幾乎所有民主國家的所得稅都是採用這個原則。一九九〇年代末期的研究人員將拉姆齊的研究結果進一步延伸，並調查在累進所得稅制度下，富人的最適稅率應該是多少。一如拉姆齊的標準法則，使政府稅收最大化的最高邊際所得稅率，和應稅所得的彈性成反比。不過，這兩者的研究結論有一個小小的差異：有錢人的所得彈性才是真正重要的彈性。此外，最適合目前的稅率也取決於當下的不平等程度：所得集中度愈高，應對有錢人課徵的最適稅率就愈高。[5]

富人的最適平均稅率

在思考這個理論的過程中，我們體會到，在制訂最高稅率的決策時，關鍵參數之一是富人會因最高稅率決策而出現什麼樣的行為模式變化。在公共辯論場合，「有錢人的申報所得一定非常有彈性」（因此不能對有錢人課太多稅）的觀點，經常被視為一個不辯自明的事實。但在現實世界，情況往往複雜很多，因為彈性並非恆久不變的參數，彈性顯著受公共政策影響。

畢竟有錢人可用兩種方式來回應較高的租稅。第一個方法是改變他們的實際經濟行為：例如減少工時，或是選擇收入較差的職涯。如果有錢人選擇這麼做，我們實在沒有太多方法可阻止他們，畢竟那是他們的權利。第二種回應——遠比第一種常見——則是避稅。而政策制訂者有可能大幅抑制避稅行為（但相反的，政策制定者不容易減少納稅人對租稅的其他較根本回應）。

企業在熱帶島嶼認列盈餘，律師在熱帶島嶼設立登記公司，以及醫師投資租稅庇護所等行為，都不是受自然法則驅動。當稅法允許特定型態的所得享受比其他所得更有利的條件，且當政府放任某些人利用這些差異圖利，就會發生那類非關自然法則的行為。不過，在某些時候被容忍或是被鼓勵的行為，有時也會遭到監理與禁止。當所有所得（不管是來自資本或勞動力的所得，不管是消費掉或被存下來的所得，不管是在百慕達或在美國認列的所得，不管是付給位於蘇黎世或巴黎的銀行帳戶的所得），一律被課徵相同稅率，且當非法避稅管道提供者受到嚴格約束時，避稅行為就有可能幾乎徹底消失。在那種情況下，有錢人除了縮減他們的真實經濟資源，別無其他非法避稅的方法，換言之，唯有變得窮一點，他們的稅賦才會減輕。

但即使是基於規避稅賦那麼「貴重」的動機，民眾也鮮少自願變得比以前貧窮很多。由稅法誘發的實際行為改變通常非常有限。史帝夫・賈伯斯不可能因為他的稅率不是零而不發明另一個令人驚奇的新科技產品。就算當初的美國國稅法規定有所不同，佐克伯也不可能選擇發展藝術品生涯。的確，蘋果公司確實是將盈餘移轉到澤西島，臉書也在開曼群島成立了幾家空殼公司（譯注：藉此避稅），還有一個持續壯大的產業協助這些有錢人降低租稅支出。不過，那些避稅行為都只是因為監理環境太過寬鬆才會蓬勃發展。

舉個例子，一九八六年的稅改法案（這個法案將最高邊際所得稅稅率降到二八％），促使有錢人申報的所得金額增加。不過當時所得申報金額的增加，多半導因於避稅策略的變化（因為將企業組織結構設定為合夥企業〔合夥企業所得是課徵個人所得稅〕，就能規避三五％的企業稅，這牽涉到的節稅利益非常龐大），而非（富人的）勞動力供給增加。[6] 我們透過現代研究所獲得的教誨是，當避稅行為獲得有效壓制，應稅所得的彈性通常就變得會非常低——最適稅率因而變得非常高。

所謂「非常高」究竟是多高？不會高到一〇〇％：因為一旦稅率達到那樣的水準，多數人將偏好把時間留給家人或用來照顧家裡的菜園，而不願單純基於為全體社會謀取利益的動機而工作。不過，一組研究成果暗示，能向富人徵收到最多稅收的最高邊際稅率大約是七五％。所謂的富人是指二〇一九年所得達到五十萬美元以上的頂層一％所得者。[7] 這是根據過去二十年進行的很多實證研究所歸納出來的估計值，也是截至目前為止的最佳估計值。如果避稅的機會有限，富人對租稅變革所產生的反應就會相對節制：每當他們的保留比率（keep rate）增加一%（也就是說，原本每多賺一美元，稅後可多保留七〇美分的盈餘，但保留率上升一%，稅後就能保留七〇．七美分），他們的回應將是更賣力工作，多賺大約〇．二五%的稅前所得。[8]這代表當富人的稅率上升，稅基也不會萎縮太多，也暗示最適的最高邊際稅率大約是七五%上下。

關於這個結論，有幾件事必須考量。首先，我們討論的是邊際稅率，這個稅率只適用某個高門檻以上的所得（當今的標準是五十萬美元），而關聯的平均稅率是低於邊際稅率的，因為任何低於上述高門檻的所得會被課較低的稅。只有超級富豪的邊際稅率才會等於平均稅率。具體來說，如果五十萬美元以上的所得者的邊際稅率明天突然被提高到七五%，那麼頂層一%最富裕的美國人的平均稅率就會達到六〇%。[9]換言之，最高所得稅級距的納稅人的最適平均稅率是六〇%——在頂層一%中吊車尾的民眾，稅率會低於六〇%，接著，稅率會隨所得的增加而遞增，到最後，超級富豪的稅率將達到七五%；總之，頂層一%族群所有成員的平均稅率是六〇%。從很多方面來說，以平均稅率的角度來推理會比較容易理解，因為經由平均稅率，一般人才比較能具體理解不同族群的民眾對社會資金需求的真正貢獻。由於平均總體經濟稅率大約是三〇%，所以六〇%的平均稅率，意味頂層一%最富裕的美國人所繳納的稅金（約當其所得的比率）是一般人的兩倍。

第二，這些最適稅率納入了各級政府的所有租稅。我們必須知道，計算富人的最適平均稅率的租稅，包括聯邦所得稅、州所得稅、有錢人經由企業稅繳納的稅金、薪資稅、銷售稅等等所有租稅。由於薪資稅有上限，而銷售稅對頂層所得的民眾來說簡直不痛不癢，所以，應該將最適當的最高邊際稅率視為聯邦所得稅、所有州所得稅以及企業所得稅稅率的總和。

最後且必須聲明的是，只提高稅率但不針對稅法進行任何調整，或不強制執行，最後還是會功虧一簣，畢竟目前風行各地的非法避稅管道非常多。若想有效向有錢人徵收更多稅賦，就必須遏制各種避稅行為。而要達到這個目的，必須打造有助於租稅系統長期健全發展的機構，而且即使是在極端不平等的世代都能健全發展。

如何阻止富人非法避稅？

第一步是打造我們將稱之為公共保護局（Public Protection Bureau）的機構，它的權責是監理非法避稅產業。一如美國設有眾多不同的聯邦機關，分別監理金融產業部門（消費者金融保護局〔Consumer Financial Protection Bureau〕）、航空產業部門（聯邦航空總署〔Federal Aviation Agency〕）與製藥產業（食品與藥物管理局〔Food and Drug Administration〕），美國也應該嚴格監督所有提供租稅相關服務的公司行號，並確保這些公司行號的業務不會傷害到公共利益。

從我們在本書一貫討論的內容便可發現，避稅與逃稅行為是在非法避稅管道提供者的鼓勵下才會蓬勃發展，換言之，積極避稅與逃稅不見得是納稅人的自發行為。每一場避稅「流行病」的爆發，都是非法避稅管道市場的創意大爆炸所催化。當然，目前的法律也存在非常多有必要修補的漏洞（稍後將更詳盡討論）。不過，即使修補這些漏洞也無法直搗問題的核心。一九八〇年代所得稅避稅行為的大增，並非導因於當時新實施的減稅措施，當年的避稅風潮其實是非法避稅產業的創新所造成的直接後果。我們也在企業避稅行為於一九九〇年代與二

○○○年代大爆發時，見到相同的現象：讓企業有空間從事各種新型態不當行為的移轉訂價系統早在一九二○年代就已存在，故一九九○年代與二○○○年代的企業逃稅潮，主要是拜非法避稅產業所賜。也因如此，要遏制租稅的不公不義，一定要剷除租稅詐騙手段的供應者。

遺憾的是，談到非法避稅產業的監理，國稅局總是處於以卵擊石的窘境。原因有幾個：首先，國稅局的強制執行預算大幅減少：過去十年，調整過通貨膨脹影響的國稅局預算，被裁減了超過二○％。[10] 較少的預算意味較少的租稅稽查員：二○一七年，國稅局的租稅稽查員僅剩九千五百一十人，較二○一○年的一萬四千人明顯減少。一九五○年代中期以後，國稅局的稽查員人數就從未低於一萬人，但當時美國的人口僅當今的一半。第二個問題是薪酬：若能打造出成功的非法避稅工具，為四大會計師事務所工作的報酬，遠比投身公務體系打擊逃稅的報酬多。

最後且關鍵的問題是，國稅局容易受變幻莫測的政治圈影響。主要的風險並不在於國稅局的日常業務會受到行政機構的直接干預。相關的風險其實比「直接干預」更微妙且更攸關重大。國會和當前的執政者能影響租稅的強制執行：這些人掌握了決定租稅稽查可用資源多寡的生殺大權，因此，他們能左右國稅局盤查有錢人避稅策略的積極度，並對經濟實質原則的應用產生重大影響。[11] 即使這並非總統直接要求的選擇，但這些選擇確實深受華盛頓當局的主流意識形態影響。舉個例子，當掌權的政黨將遺產稅污名化為對神聖不可侵犯的財產權的一種攻擊，國稅局絕對不可能投注很多資源來強制執行遺產稅（事實上，誠如我們在第三章討論的，自一九八〇年以後，遺產稅的稽查頻率便顯著降低）。租稅強制執行力的暗中緩慢崩壞是不民主的，這個現象對所有累進式租稅系統都是一種威脅。為了避免雷根時代那種租稅庇護風潮在二十一世紀死灰復燃，我們需要一個受大眾、租稅會計產業與國稅局信賴的機關來落實法律的精神（無論是哪一個政黨執政）。國稅局本身永遠都會被視為不公正的單方面行為者，也因如此，我們需要一個能扮演有用角色的獨立機關。

公共保護局應該落實兩項廣泛的任務。首先且最重要的是，它應該強制執行經濟實質原則，根據這項原則，所有純粹基於非法避稅為目的而從事的交易皆屬違法。強制執行經濟實質原則的第一步，就是收集必要的資訊。當局應該讓公共保護局依法得以自動得知租稅規劃產業推出了什麼商品化的新產品：例如集團內部的智慧財產銷售、假合夥公司的投資、隔代信託等。這麼一來，公共保護局就能掌握所有專為幫助有錢人與股份有限公司非法避稅的新產品。不揭露其業務的公司行號將面臨嚴峻的罰則，而且所有違反經濟實質原則的產品，都必須立即加以取締。

第二，公共保護局將監督外國的租稅作業，並指示財政部對榨乾美國稅基的那些租稅天堂展開經濟制裁。英屬維京群島讓洗錢犯得以用非常低的資本創設匿名企業，或是盧森堡對跨國企業提出令人垂涎的祕密協議等行徑，與竊取其他國家稅收的行為無異。這種竊盜行為並不符合自由交易的邏輯。國家主權的貿易必須接受更嚴謹的監理，例如針對企業或個人與那些搭便車的租稅天堂之間的金融交易課稅。[12]

相同所得，相同稅率

遏止避稅行為的另一個關鍵步驟只需要應用常識便可完成：所得金額相同的人應該支付相同金額的稅賦。這個概念看起來似乎顯而易見，但進入二十一世紀後那二十年間的改革，卻和這個概念背道而馳。從二〇〇三年的股利優惠稅率，到二〇一八年的降低業務所得稅等修法行動，皆可見美國立法人員懷抱一個先入為主的意見：「資本稅必須低於勞動稅」。法國的趨勢也相同，法國政府的馬克宏在二〇一八年採納了利息與股利適用單一稅的政策，事實上，歐洲其他國家亦然。

要回應「修補漏洞」的呼聲，最務實的做法是：對相同所得的人課徵相同稅率。這個做法蘊含幾個寓意：

第一個寓意是，它代表每一個所得來源都必須課徵累進式的個人所得稅：不僅工資、股利、利息、租金和業務盈餘，也包括資本利得，目前很多國家（包括法國與美國）的資本利得稅是採用較低的單一稅。沒有任何令人信服的理由可證明為何資本利得稅率應低於其他所得來源的稅率。較低的資本利得稅只是鼓勵有錢人將他們的勞動力所得和業務盈餘重新分類為資本利得罷了。很多國家一向訴諸這個次優政策的原因是，租稅主管機關並沒有追蹤納稅人的資產（股票、債券與住宅等）購買價格，所以強制執行資本利得稅一事，有實務上的難度。以美國來說，國稅局也是到二〇一二年才開始有條理地蒐集這項資訊。不過，由於當今的運算能力強大且相關成本不高，所以強制執行累進式資本利得稅已非難事，包括隔代以上的資產增值所帶來的資本利得。[13] 很多人抗議出售公司行號時的資本利得遭不公平課徵巨額的稅賦（因為資本利得是一次性的意外之財），解決這類異議的方法是允許納稅人分期支付應付稅款，一如遺產稅的慣例做法。

儘管如此，由於當今政府明確掌握資產的購買日期，故有能力適當改善稅法，排除物價通貨膨脹對資本利得造成的機械作用（mechanical effect）。美國當前的租稅系統認定，在二〇一二年以一百美元購入，並在二〇二〇年以一百五十美元賣出的資產，其應稅資本利得為五十美元。這樣的認定方式不太有道理：因為在那五十美元的增值金額當中，有二十美元來自一般物價通貨膨脹，而通貨膨脹並非所得；所以，只有三十美元是真正的資本利得。針對那二十美元課稅，就像是課徵財富稅，而且是一種不透明且隨機的財富稅，因為它全然取決於通貨膨脹率。這種隱藏的財富稅應該廢除，只對三十美元的純資本利得課徵累進式所得稅。這是所有人都可能舉雙手贊成的減稅項目！

租稅合一

「所得相等意味租稅相等」原則的第二個應用是：企業與個人所得稅應該合一——類似歐洲國家以前的做法，以及諸如澳洲與加拿大等國的現行做法。將企業與個人所得稅合一的意思是，當企業盈餘被分配給股東，公司本身繳納的所有企業稅，皆可扣抵應付的個人所得稅金額。舉邊際個人所得稅稅率五〇％的有錢人股東約翰為例。假定約翰持有一家企業，這家企業的盈餘是一百美元，它繳納了二十美元的企業稅，並將剩下的八十美元盈餘，以股利的形式全數發放給股東。在兩稅合一的系統下，相關的做法是：約翰將把該公司一百美元的盈餘（而非僅八十美元的股利）全數納入他的應稅個人所得。這麼一來，他必須針對那筆所得支付五十美元的稅金，這相當於他的邊際所得稅稅率五〇％乘以一百美元。不過，基於他持有的公司已經支付了二十美元的企業所得稅，故當局將約翰的應付稅款扣減二十美元，換言之，他應繳納的稅額是五十美元減二十美元，即三十美元。

那類系統承認「企業所得稅只是個人所得稅的預付款」的根本事實。這個系統有很多優點，首先，它能顯著降低企業非法規避企業稅的誘因。想像一下，蘋果公司在四大會計師事務所的謹慎建議下，徹底規避了繳稅的義務：若此時美國採用租稅合一系統，蘋果公司的有錢人股東將因此無法取得任何稅額抵減，必須就應歸屬他們的蘋果公司盈餘繳納五〇％（以前例而言）稅率的完整稅額；而若蘋果公司有繳任何稅，股東就能少繳等額的稅金。相信在那樣的情境下，蘋果公司將在股東的指示下削減非法避稅的預算。

租稅合一系統的另一個優點是它能消除扭曲。舉個例子，它讓「要不要設立登記公司」（若設立登記公司，就必須繳納企業稅，若不設立登記公司，則所有盈餘都會直接轉嫁給業主，並被課徵個人所得稅，一如美國的合夥企業）成為一個中性選項。租稅合一系統也會讓企業的「發行債券或股權」決策，成為一個中性的選項，因為利息和股利支出所蘊含的租稅寓意一模一樣。更廣泛來說，租稅合一系統能確保資本被課徵和勞動力一樣的稅——不會比較多，也不會比較少。以上述的約翰為例，我們知道該公司一百美元盈餘的總稅賦為五十美元：二十美元是公司繳納，三十美元是約翰繳納。換言之，這筆盈餘的稅率是五〇％——如果約翰的所得全數是薪資所得而非盈餘，他面臨的稅率也是五〇％。基於租稅目的而平等對待勞動力和資本，是符合理想的做法，而偏離這個理想絕對不值得鼓勵，因為那麼做絕對會製造出很多避稅的機會，而避稅會導致稅收金額降低。而如果當局的目標是要達到租稅的累進性，應該透過較高的最高邊際所得稅稅率，以更累進的方式對全部的所得課稅，不是實施比勞動稅更高的資本稅。

雖然美國從未實施過租稅合一式的所得稅，但在二十世紀的多數時間，這個系統堪稱歐洲的常態：英國、德國、義大利和法國等，都曾經非常倚重這個系統。然而，後來租稅合一的做法卻逐漸消失。為何會如此？簡單說，那是因全球化而產生的不良反應之一。直到一九九〇年代，一般人還鮮少投資外國企業。後來，跨國投資在一九九〇年代與二〇〇〇年代大幅增加，各國政府漸漸不願意為了補償國內股東被外國課徵的企業稅（譯注：因持有外國企業的股票）而讓國內股東對此申報稅額抵減。舉個例子，法國不允許通用汽車公司（General Motors）的法國股東申報稅額抵減，這導致通用汽車的法國股東實際上繳納的稅額，高於雷諾汽車的法國股東。二〇〇四年，歐洲法院判定這種不公平對待外國企業的做法涉及差別待遇，最後促使法國等其他國家在二〇〇五年廢除其租稅合一系統。[14]

這個問題的解決方案很簡單：外國企業稅應比照國內的稅賦，可納入稅額抵減項目。法國應該允許美國企業的法國股東申報稅額抵減，而美國也應該用相同的方式對待法國企業的美國股東。這種利益互換已經存在於工資所得領域，換言之，在B國工作的A國租稅居民便享有類似的待遇。這種利益互換可輕易在雙邊租稅公約中協商，以前一章討論的企業稅協同脈絡來處理甚至更好。全球化並不會阻礙租稅合一系統的良性運作。

「所得相等意味租稅相等」原則還有第三個寓意。企業稅合一的主要優點之一是，一美元工資被課的稅，一定永遠等於一美元已分配盈餘被課的稅。不過，儘管租稅合一制度將是朝正確方向前進的重要步驟，卻還是有一個棘手的議題尚未解決：保留盈餘（retained earnings）——企業未以股利形式分配的盈餘——被課徵的稅賦，還是將低於其他所得來源被課的稅。如果約翰的公司未發放股利，並取而代之地將它的盈餘用於再投資，那麼，這一百美元的盈餘只會被課二〇%的企業稅，不會被課個人所得稅。世界各地的有錢人股東隨時都有誘因將盈餘保留在他們的公司；因為公司讓他們得以規避股利稅，以免稅的方式儲蓄。在實務上，股權集中的企業（即股東人數較少，並因而可基於他們個人的利益直接控制公司股利政策的企業）的這項風險特別嚴重。處理這項議題的方法是基於租稅目的，逼迫股權集中的企業將其盈餘全數轉嫁給股東。我們應該以對待合夥公司的方式來對待未公開掛牌的企業：免徵企業稅，但它們的所有盈餘都必須被課徵股東的累進個人所得稅。從一九八六年的稅改法案後，多數股權集中的企業，包括很多大型且組織複雜的企業，都被組織為穿透商業實體（pass-through businesses，譯注：包括獨資企業、合夥企業與小型企業等）。美國的經驗顯示，在股東的層次向股權集中的企業課稅，在技術層面上是可行的。[15]

這個規則將使有錢人無法在免稅的條件下再投資他們的所得（這是當今租稅不公不義的最強大源頭之一）。這項規定也將摧毀一九八〇年代以來暴增的空殼公司業務，因為空殼公司將不再能為其創辦者提供任何租稅優勢。不用說也知道，空殼的股份有限公司並非真正的股份有限公司。基於租稅目的與相關的租稅利益而將它們視為股份有限公司，是一種荒謬的行徑，所以必須停止這個做法。

頂層一%所得者繳多少稅？

一般人普遍認同，當避稅行為被限縮到最少後，有錢人的納稅金額的確可能會增加。不過，究竟會增加多少？根據我們的計算，大約會增加相當於國民所得的四個百分點，以二〇一九年的情況來說，金額大約是七千五百億美元。

要了解我們如何算出那個數字，必須回溯我們先前討論過的內容：頂層一%族群的整體所得大約是國民所得的二〇%。誠如我們在第一章討論的，若將所有租稅列入計算，目前頂層一%所得者的平均稅率是三〇%。他們繳納的稅金合計共約美國國民所得的二〇%乘以三〇%，也就是相當於國民所得的六%。《華爾街日報》的編輯委員總是不時提醒我們，富人對美國國庫確實極有貢獻。但那並不是因有錢人的有效稅率很高（儘管那個編輯委員會希望我們相信有錢人的有效稅率很高，但他們的稅率幾乎和整個經濟體系的平均總體經濟稅率相同），而是因為美國富人的所得實在非常高。

誠如我們討論過的，在打擊非法避稅行為後，能課徵到頂層民眾最大稅收金額的平均稅率，遠高於目前的三〇%，更接近六〇％。當然，一旦有錢人的稅率增加一倍，即使當局有效控制避稅行為，有錢人申報的所得還是會減少：例如社會上的思想領袖（thought leaders）可能會少發表幾場收費演說，企業高階主管可能會稍微早一點退休等等。但這能使稅前所得的不平等改善；根據可取得的最精確估計，頂層一％民眾的稅前所得約當稅前國民所得的比重，將因此由二〇％降至大約一六％。[16] 接著讓我們再運算一次：若美國富裕家庭的平均稅率提高一倍，他們將繳納六〇％的一六％的稅，也就是大約國民所得的九・五％。根據標準經濟理論，這就是可從頂層一％民眾徵收到的最多稅金：國民所得的九・五％。另外，針對所得略低於頂層一％族群的人提高稅率（例如透過提高企業稅稅率）能多徵收到額外〇・五個百分點的稅收，這麼一來，有錢人繳納的總稅額將達到國民所得的一〇％，比目前高了四個百分點。

將頂層民眾的稅率從三〇％提高一倍到六〇％，是一個務實的做法嗎？誠如我們討論過，那個做法並非史無前例。在一九五〇年代，頂層〇・一％所得者的平均所得稅稅率接近六〇％，而且，一九五〇年那一年，頂層〇・〇一％所得者的稅率甚至接近七〇％，因為當時的企業稅較高，政府因而得以徵收到非常巨額的企業稅，而且當時的股權高度集中。在二十世紀中葉，富人的普遍有效稅率遠比其他民眾的稅率高。例如一九五〇年時，底層九〇%民眾的實繳所得稅稅率是一八%，比頂層〇・一%族群低四十個百分點。有些人認為針對頂層所得族群課徵高累進稅率的做法過於偏激，但這樣的見解禁不起詳細檢視。的確，即使是在累進稅稅制的全盛時期，一般富人（頂層一%，而非頂層〇・〇一%）的平均稅率也多半只有四〇%，這使頂層一%族群所有成員的平均稅率達到接近五〇%——但還是低於可能最適合目前情況的六〇%稅率。然而，在二十世紀中葉，富人囊括的國民所得占比遠較目前為低。而根據經濟理論的建議，在所得較集中的情況下，應該對有錢人課多一點稅。

我們雖主張在目前實施更累進的租稅系統，卻不主張完全複製過去的做法。二戰後的累進式租稅系統固然有很多優點，卻也離完美相當遙遠。當時的資本利得稅遠低於一般所得稅，這違反「所得相等意味租稅相等」原則。當時的個人所得稅也有很多漏洞，其中每一個缺陷都意味富人擁有很多非法避稅的空間。善加利用現代技術，並切實記取歷史上與其他國家的教誨，才可能讓當今的累進式租稅系統變得比以前的累進式租稅系統更盡善盡美。

向億萬富翁課稅

在二十一世紀向有錢人課稅的正確管道——尤其是為了達到六〇%的最適稅率——牽涉到三個互補的根本要素：累進所得稅、企業稅，以及累進財富稅。企業稅能確保所有盈餘（無論是否分配）都被課稅：它就像是對有錢人課徵的最低稅賦。累進所得稅能確保高所得者繳納較多稅賦。而累進財富稅則能促使超級富豪貢獻與其實際繳稅能力等量齊觀的稅金。

為什麼光靠所得稅不夠？答案很簡單，因為社會上最占優勢的成員當中，有很多人雖坐擁巨額的財富，應稅所得卻非常低。那或許是因為他們持有價值不菲但還沒有創造很多盈餘的企業，而每個人都預期這些企業未來的獲利能力將極為可觀（例如亞馬遜創辦人貝佐斯）。另外，一如更常見的情況，有錢人可能經由企業組織結構的選擇，讓他們的企業（擁有獲利能力的企業）不要取得那麼多應稅所得（例如巴菲特）。當今這兩類億萬富翁幾乎可能完全未繳稅。一如我們在第五章討論的，即使是從經濟效率的嚴謹制高點來看，都沒有任何令人信服的理由可解釋為何美國應該允許超級富豪在對社會需求絲毫沒有貢獻的情況下，繼續增長他們的財富。

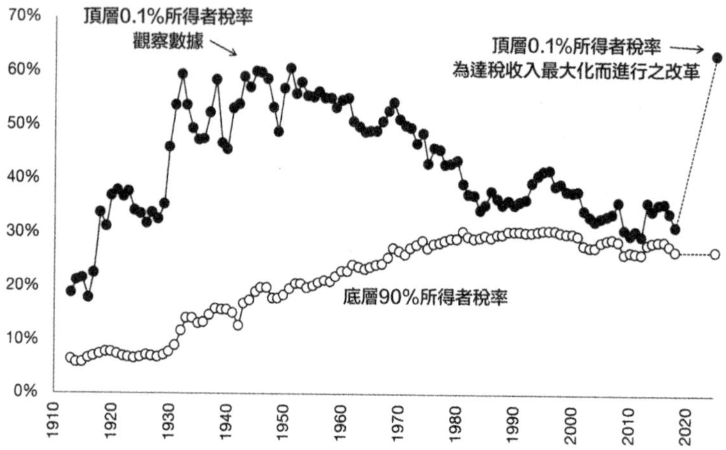

【圖 7.1】美國曾向有錢人課徵較重的稅賦
（頂層〇．一%相對底層九〇%族群的平均稅率）

附注：本圖描繪頂層〇．一%稅前所得者與底層九〇%所得者的平均稅率。包含所有聯邦、州與地方稅。各項租稅是以稅前所得的百分比表達。以目前情況來說，能使來自頂層〇．一%所得者的稅收最大化的稅率大約是六五%，和二十世紀中葉的有效稅率相似。完整細節請詳：taxjusticenow.org。

若不課徵財富稅，最有錢的民眾的平均稅率就很難達到六〇%。提高最高邊際稅率並不會對貝佐斯或巴菲特的應納稅金造成顯著的影響，因為橫豎他們的應稅所得本來就不多。提高其他租稅——例如遺產稅——也不會影響到他們那類超級富豪。我們或許會偏安於「世界首富貝佐斯總有一天一定得就他的巨額財富繳納遺產稅」的想法（譯注：指到他過世那一天，他的財產最終還是會被課徵遺產稅）。但由於二〇一九年時，這位亞馬遜公司創辦人年僅五十五歲，所以，那一天要二〇五〇年才會到來（但願）。更別說一九八四年出生的佐克伯，讓他等到二〇七五年才對國庫做出貢獻是明智之舉嗎？解決這個問題的方法，就是立刻對這些財富課稅，而不是遙遙無期地等待。[17]

財富稅永遠無法取代所得稅；它的目標比較有限：確保超級富豪繳納的稅金不會比其他民眾少。透過綜合所得稅的管道向最高階企業主管、運動員或電影明星課稅是適當的。而若想向超級富豪課稅（他們坐擁巨額財富，但應稅所得很低），財富稅是最基本的。

結合財富稅、累進所得稅與企業稅，將最富裕的美國人的有效稅率拉高到六〇％的方法有很多。圖 7.2 的有效企業稅稅率增加一倍（實質上將讓稅收回歸到二〇一八年稅改前的水準，那不是不可能），擴大所得稅的涵蓋面（以對待勞動力所

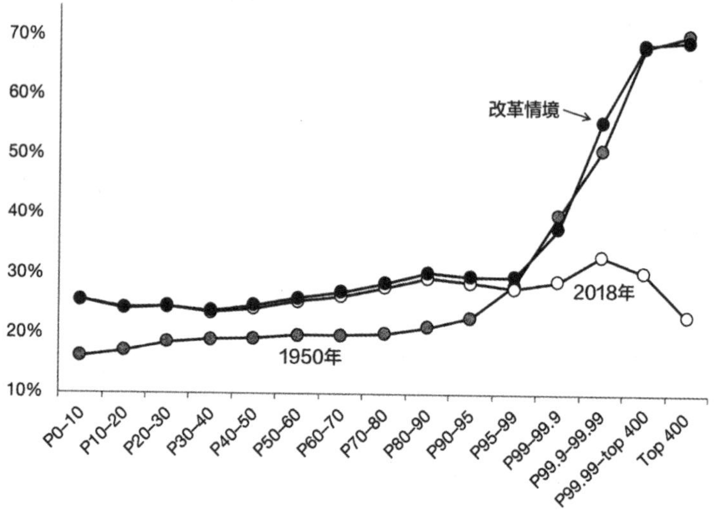

【圖 7.2】回歸杜魯門－艾森豪時代的租稅累進性的可能目標之一
（依稅前所得劃分之族群之平均稅率）

附注：本圖描繪各所得族群在一九五〇年與二〇一八年的平均稅率，以及推動提高企業所得稅，增加個人所得稅的累進性與加徵累進財富稅等改革後，各所得族群的平均稅率。這項改革情境將能恢復一九五〇年租稅系統的租稅累進性。完整細節請詳：taxjusticenow.org。

得的方式對待資本所得）且更累進（最高邊際所得稅稅率為六〇％）；遺產稅收入增加一倍（更加強強制執行）；且針對擁有五千萬美元財產的人課徵二％的年度財富稅，以及對擁有十億美元以上財產的人課徵三．五％的財富稅。

這麼做的結果，就是一套和一九五〇年代非常類似的租稅系統——對頂層族群而言。

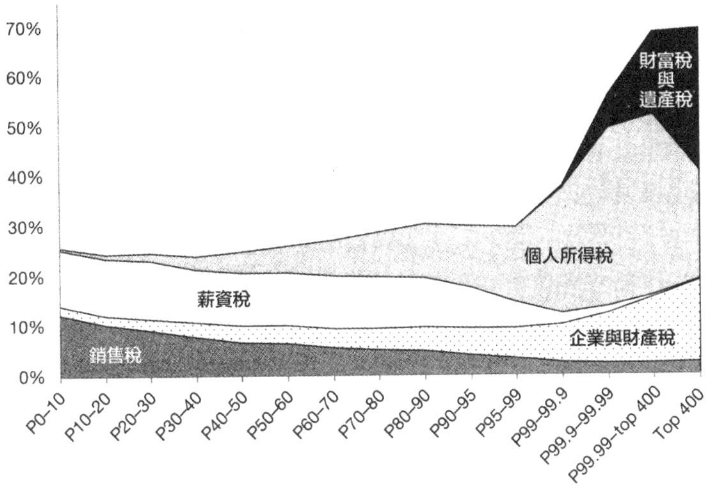

【圖 7.3】財富稅：累進式租稅系統的關鍵要件
（各稅前所得族群的平均稅率）

附注：本圖描繪了一項租稅改革情境下（提高企業所得稅、提高個人所得稅的累進性與導入累進財富稅），各所得族群的平均稅率。累進財富稅是恢復最頂層民眾的租稅累進性的關鍵要件。完整細節請詳 taxjusticenow.org。

這個系統和一九五〇年代租稅系統的最大差異是累進財富稅。一九五〇年代並未實施財富稅，取而代之的是，當時的租稅系統主要是透過高達五二％的企業稅稅率（這項稅率適用於有獲利的企業，而當時那類企業的股東相對較少，且主要是個人股東，而非機構投資人[18]）來實現陡峭的累進性。由於目前有超過二〇％的美國掛牌股份受外國人持有，三〇％受退休基金掌握，[19]故即使是前一章說明的對策（有條理地針對跨國企業徵收它們短繳的稅賦），外加大幅提高企業稅稅率，都不見得能創造和一九五〇年代等量齊觀的租稅累進性。企業稅並非累進稅，所以不是快速重建租稅正義的有效工具。而且誠如我們討論過的，即使所得稅規定顯著改善，都不見得能向超級富豪課徵到適當的稅金。也因如此，不管租稅怎麼改革，關鍵要件在於財富稅。

善用市場力量

累進式財富稅是可行的，因為頂層民眾的財富非常容易界定，不像可以人為手段短列的應稅所得。財富是指一個人的資產減去負債後的市場價值。巴菲特向國稅局申報的應稅所得，相較於他的實際經濟所得簡直不到九牛一毛。不過，他卻無法隱匿他身價超過五百億美元的事實。如果針對五千萬和十億美元以上的財富分別課徵二％與三％的財富稅（例如參議員伊莉莎白・華倫〔Elizabeth Warren〕在二〇一九年提議的稅率），巴菲特一年就得繳納大約十八億美元的稅金，這是他二〇一五年應納所得稅金額（一百八十萬美元）的一千倍。

但並非所有形式的財富都很容易評價。波克夏海瑟威公司是一家公開掛牌交易的企業，所以有明確的市場價值；由於巴菲特的財富全部都投資到波克夏海瑟威公司的股份，所以課他的稅很容易。不過，有錢人也可能持有未上市公司行號（也稱為私營公司行號或股權集中之公司行號）的股份。例如藝術品或珠寶等其他形式的財富，有時也很難評價。但整體而言，和財富評價有關的這類疑慮都遭到過度渲染了。

在諸如美國這類現代資本主義經濟體系，財產權非常明確，多數資產也被賦予特定的價值。根據我們的計算，頂層〇．一％最富裕的美國人的財富，有八〇％是由上市公司股票、債券、集體式投資基金、房地產與其他資產所組成，而這些資產的市場價值都很容易取得。至於剩下二〇％財產的評價（多半是私營公司行號的股份），也不像想像中那麼有疑問。雖然大型私營公司的股份未公開掛牌交易，卻經常有買進與賣出的情事。舉個例子，即使是在來福車（Lyft）和優步（Uber）在二〇一九年公開掛牌前，有錢人還是有管道可投資這些提供共乘服務的企業。私營企業會定期發行新股給銀行、創投資本家、有錢的個人以及其他口袋夠深的「合格投資人」（accredited investors）。這些交易都形同為這些私營企業的股份定價。

不可否認，某些個案可能長年沒有任何成交的交易發生。受一小群股東控制的成熟私營公司常有這樣的現象。且讓我們看看農業巨擘嘉吉公司（Cargill），它是美國最大的私營企業，大約有九〇％的股權控制在嘉吉與麥米蘭（MacMillan）家族約莫一百個成員手中。嘉吉公司最近一次股份交易是發生在一九九二年，當時該公司的一七％股份以七億美元成交，這使該公司當年的總價值略高於四十億美元。[20] 這個個案清楚顯示，財富稅可能是痴人說夢：畢竟嘉吉公司最近一次股份交易是發生在近三十年前，有誰知道它目前的價值？而若採用估計值，資產價值遭到不當操弄的風險就會變得非常高。

不過，公平對嘉吉與麥米蘭家族課稅並非不可能的任務。首先，租稅管理當局可以從嘉吉公司的一九九二年評價出發，再根據該公司從那時迄今的盈餘變化，進行適當的調整。如果該公司目前的盈餘是當時的三倍，那麼，認定該公司目前大約價值一九九二年的三倍也不為過。當然，若要做出真正可靠的評價，還需要更多的數據佐證。舉個例子，嘉吉公司的直接競爭者當中有一些公開掛牌的企業，像是阿徹丹尼爾斯米德蘭

（Archer Daniels Midland）和邦吉（Bunge），和這兩家企業有關的數據，都有助於評估嘉吉公司目前的價值。如果國稅局要更精確評估嘉吉公司的價值，可以參考股票市場賦予前述兩家企業每一美元股的盈餘多少價值（譯注：即本益比）。國稅局可研究自一九九二年以後，阿徹丹尼爾斯米德蘭和邦吉公司的本益比出現了什麼變化。每天有成百上千位財務分析師以這個方式或甚至更精密的方式評估私營企業的價值，美國絕對不缺這個領域的專家。只要沿用標準的民營部門作業，國稅局應該不難估算出嘉吉公司每一年年底的合理市場價值。

但最有趣的問題來了。且讓我們假定嘉吉與麥米蘭家族感覺自己被國稅局欺騙，換言之，他們覺得租稅主管機關高估了嘉吉公司的價值：或許嘉吉公司的基本面從一九九二年以後便出現了最先進的評價技巧可能也無法精確評估的變化；或許它存在著競爭者所沒有的弱點。若是如此，該怎麼因應？

這個問題的核心在於我們缺少一個市場：一個可交易嘉吉公司股份的市場。儘管有一個流動的市場可供阿徹丹尼爾斯米德蘭和邦吉的股東進行股份交易，卻沒有一個市場可供嘉吉公司的股東進行股份交易。我們認為要解決這個問題，必須由政府介入創造這個缺席的市場。國稅局可以讓嘉吉的股東選擇以實物（用嘉吉的股份）繳納他們的財富稅，而不要繳現金。如果他們選擇以實物繳納（他們當然會這麼做，除非他們認為國稅局的評價過於誇大），租稅主管機關會接著再對所有（想買這些股份的）出價者——創投資本家、私募基金、基金會或其他有興趣收購這家農業巨擘的股權的有錢家族——開放的市場上，將這些股份賣給最高出價者。

根據我們的了解，以前未曾有人提議過這個解決方案，而這個方案能解決財富稅的主要施行障礙之一。一如運作良好的所得稅能公平對待所有類型的所得，一套立意良善的財富稅，也必須以相同的方式評估所有形式的財富的當前市場價值。如果某些財富沒有市場價值，解決方案就是創造它們的市場價值。而要創造那些財富的市場價值，最好的方法莫過於創造一個市場。如果實施平均稅率二％的財富稅，嘉吉公司的股東每年必須上繳其股份的二％（若他們寧可保留對該公司的完整控制權，也可以繳納約當現金）。一如巴菲特的波克夏海瑟威公司，這家私營企業的股東將一毛稅金也逃不了。[21] 將嘉吉公司的股份轉化為現金，將是政府的責任。

這個解決方案也能化解另一個常見的反財富稅意見——流動性（liquidity）的問題。超級富豪可能有很多財富，但不見得有足夠的所得可繳納他們的稅賦。在他們手頭沒有足夠現金的時刻強迫他們繳稅，難道不會流於不公正嗎？坦白說，流動性相關的考量通常是（富人）基於欺詐的目的而提出。一個身價上億美元的人，怎麼可能會沒有足夠現金繳納一百萬美元的稅賦？通常這樣的託辭禁不起嚴格的檢驗。通常超級富豪都是為了避免繳納所得稅才會選擇只實現一點點的所得，假裝手頭的現金不夠繳稅，換言之，他們為了避稅而刻意針對他們的流動性狀況做了特殊的安排，好讓他們顯得手頭沒有足夠現金。

不過，也有些個案是真的遭遇流動性問題。最貼切的個案是投資實際上還沒有賺錢但獲得高評價的新創企業的股東。如果一個人的財富主要是由這種新創企業的股份組成，那麼要每年創造現金，事情可能會變得很複雜，或是得付出龐大的代價，因為新創企業通常不會發放股利。在那種情況下，允許納稅人以實物繳稅（即企業的股份），就能解決這問題。由於富人的財富多半是由股權組成，而股權向來是可分割的，所以股權可用來繳稅。如果財富稅可用資產來繳納，而非絕對必須以現金繳納，那麼，累進式財富稅將不會比累進式所得稅更難落實。

中產階級已經以財產稅的形式就他們的財富納稅。但有錢人卻沒有，因為他們的多數財富是金融資產，而金融資產免徵財產稅。在十九世紀，多數州的財產稅是針對所有類型的資產徵收，包括實體資產與金融資產，這和當前的情況相反。在二十世紀初，美國率先以其聯邦遺產稅實施累進式財產稅，但目前遺產稅已即將滅亡。在背棄這個崇高的傳統以前，美國曾經有效透過租稅系統，以民主的方式來監理民眾的財產，而就財產監理而言，當時的美國是世界各國的先鋒。若未來能針對超級富豪實施某種累進稅，美國還是有機會重新取得這個領導地位。

第八章
越過拉弗爾曲線

從二〇一五年開始，到華盛頓特區美國國家歷史博物館參觀的訪客，都能欣賞到亞瑟・拉弗爾親筆繪製的一條布餐巾。雖然博物館裡展示的那一條餐巾，或許並非拉弗爾一九七四年在兩大洲餐廳（Two Continents）裡親手畫上拉弗爾曲線的那一條餐巾——比較像是多年後基於紀念目的而另外繪製的餐巾——但那條餐巾上包含了所有的要素。其中一條軸線是經濟體系的稅率，另一條軸線是實際稅收金額。當稅率為零，實際稅收也會是零，這很合理。當稅率上升，稅收會先增加，但當稅率進一步提高，到了某個點後，稅收會開始降低。當稅率達到一〇〇%，實際稅收又會降到零。這個圖形的教誨簡單易懂：

過高的稅賦將摧毀稅收。這就是當年拉弗爾獻給唐納．倫斯斐（Donald Rumsfeld，在一九七五年至一九七七年間擔任國防部長，並於二〇〇一年至二〇〇六年間回鍋，擔任小布希的國防部長）的餐巾。

若作為圖解用途，博物館裡展示的這條餐巾著實令人難以理解，因為這條餐巾上描繪的一切都是顛倒的：兩條軸線被顛倒，上面寫的等式的符號也全部錯誤。不過，儘管拉弗爾的數學天分遠遠比不上法蘭克．拉姆齊，他的觀點還是很有道理。如果從明天開始，所有所得都被課徵一〇〇％的稅率，民眾不是卯足全力隱藏他們的所得，就是乾脆停止工作，省得白忙一場。由於〇％與一〇〇％的稅率都徵收不到任何稅金，那麼，在這兩個極端之間，勢必有某個稅率能使稅收達到最高，而這個稅率經常被稱為拉弗爾稅率。

當然，要釐清拉弗爾稅率是多少，絕非易事：五〇％？六〇％？八〇％？就純邏輯來說，任何稅率都可能使稅收達到最高，一切取決於民眾對稅賦有多敏感。不過，不管對應到最高稅收的稅率是多少，可以肯定的是，我們絕對不想採用任何高於那個稅率的稅率。如果實際上採用的稅率高於那個稅率，代表最後徵收到的稅收反而會比更低稅率的稅收少。沒有一個社會想站在拉弗爾曲線上「錯誤」的那一端，因為一旦選錯邊，稅收便會隨著稅率的上升而減少，對吧？

我們想在這一章解釋為何民主國家的政府可理性決定選擇針對富人實施比稅收最大化的稅率更高的稅率，並解釋為什麼摧毀部分稅基反而可能對社會有利。如果你感覺這個見解很瘋狂，那是因為太多以這條餐巾上的圖解為出發點的租稅討論，都漠視了市場經濟體系的歷史、政治與勢力關係。越過拉弗爾曲線的時候已經來到。

拉弗爾之前的最高所得稅制

某種意義來說，「即使極高稅率只能徵收到少量稅收，但極高稅率可能是優質政策」的概念應該不會令人感到訝異，尤其美國讀者更應該是見怪不怪。畢竟這是美國政府採納了幾十年的官方立場。誠如我們在第二章討論的，從一九三〇年至一九八〇年，美國的最高邊際稅率平均達到七八％；從一九五一年起至一九六三年，最高邊際稅率更超過九〇％。早在拉弗爾在餐巾上畫那個圖形之前，政策制定者就了解，即使是最唯利是圖的個人，都可能因高達九〇％的稅率而不願積極搶錢。從小羅斯福執政到艾森豪總統任職期間，事實清楚證顯示，最高邊際稅率並未使稅收增加。這些稅率落在拉弗爾曲線「錯誤」的那一端，這些稅率摧毀了所得。

這並非邏輯錯誤：「摧毀所得」正是這項政策的目標。小羅斯福及後續幾位入主白宮的總統提倡近乎充公的最高稅率，目的正是要降低超級富豪的所得，從而壓縮所得分配的落差。記得嗎？這些稅率只適用極端高的所得，也就是相當於目前的數百萬美元的所得。只有超級富豪會被課徵這種稅率。舉個例子，一九六〇年時，高達九一％的最高邊際稅率開始對所得門檻達到成人平均國民所得的一百倍以上的人造成打擊，而那個所得門檻相當於目前的六百七十萬美元。[1] 一般的富人——高薪資所得的專業人士、中小企業主管、所得達到約當今日的數十萬美元的人——被課徵的邊際稅率，僅介於二五％至五〇％，和當今這個族群的典型稅率相當（舉個例子，諸如加州和紐約州等地加計州所得稅後的稅率）。

根據可取得的證據，對超級高的所得實施近乎充公的稅率，確實有達到原訂的目的。從一九三〇年代末期至一九七〇年代初期，所得不平等情勢確實改善。頂層一%所得者的稅前國民所得占比，降低大約一半，從二次世界大戰前夕的近二〇%，降到一九七〇年代初期的略高於一〇%。舉個例子，一九六〇年時，只有三百零六個家庭的年度應稅所得超過六百七十萬美元（譯注：相當於目前的所得），超過這個門檻的所得會被課徵九一%的稅。[2] 在此同時，當時的經濟強勁成長。而誠如我們在第二章討論的，不平等情況的改善並非財政錯覺，而是實實在在的現象。當然，避稅在所難免。但有錢人向國稅局隱匿的所得總額並不龐大。根據我們的衡量，當年頂層一%族群所得占比的降低，導因於各式各樣所得（無論是否向國稅局申報）的減少，其中包括企業保留的盈餘、免稅債券投資金額，以及當時可用的其他租稅庇護所的金額。總之，近乎充公的最高稅率確確實實使稅前所得的集中度降低。

當年並不是只有美國實施這個政策。英國甚至更積極，一九四一年至一九五二年間與一九七〇年代中期，英國的最高邊際所得稅稅率高達九八%，而期間的最高邊際稅率經常性地高於八九%。一如美國，這樣的高稅率只適用極少數人，徵收到的稅金也不是特別多。結果，英國的所得及財富集中度在一九四〇年代大幅降低，直到一九七〇年代末期都維持在歷史低檔，這個情形也和美國如出一轍。

在那些時期的大西洋兩岸，租稅政策呼應了「極端不平等對社會造成傷害」、「壓抑抽租行為（rent extraction）將使經濟體系運作效率改善」、以及「自由不受束縛的市場會導致財富過度集中，並威脅民主與精英統治等理想」等觀點。

這樣的觀點由來已久，至少和美國的歷史一樣長久，也不是專屬盎格魯薩克遜自由主義者的想法。很多著名的保守派人士也認同「財富過度集中會敗壞社會契約（social contract）」的概念。詹姆斯．麥迪遜（James Madison）在十八世紀末寫道：「（政黨的）偉大目標應該是要藉由以下兩個方法與邪惡搏鬥：1. 建立所有人的政治平等；2. 阻擋少數人獲得會促使不平等情勢惡化的不必要機會，使他們無法以不適當甚至非法的手段累積財富。」[3] 保守派人士比較可能主張極端財富是「理所當然」（雖然他們主張良性「創造就業機會」的美國億萬富豪和惡性的俄羅斯或非洲「竊盜統治者」〔kleptocrats〕所累積的極端財富截然不同，並根據這個論述來證明良性美國富豪的極端財富的「理所當然」，但這樣的論述漠視這些行為者之間常見的共通性，例如他們的獨占勢力與對立法行為的影響）。姑且不談這項重要的差異，即使是保守主義者通常都認同，極端財富本身可能是壞事，這或許是雷根之前各屆共和黨政府繼續沿用小羅斯福那近乎充公的最高所得稅稅制的原因之一。根據麥迪遜的觀點，過度集中的財富對民主國家的毒害不亞於戰爭。「在戰時，行政官的裁決權也被擴大；他處理政事、榮譽與薪津的影響力倍增……存在於共和主義（republicanism）的相同惡性面向可能源自財富的不平等。」[4]

財富就是勢力。財富的極端集中意味勢力的極端集中。那是能影響政府政策、扼殺自由競爭，與形塑意識形態的勢力。總和來看，那是促使所得分配朝對特定人士有利的方向傾斜的勢力，包括在市場上、在政府與在媒體上傾斜。這是放任某些人擁有極端財富可能使其他所有人財富減少的主要原因。這是當今超級富豪的所得可能是藉由犧牲社會上其他人而來的原因。這也是約翰・阿斯特（John Astor）、安德魯・卡內基（Andrew Carnegie）、約翰・洛克斐勒（John Rockefeller）等鍍金時代工業家會被冠上「強盜大亨」（robber barons）稱號的由來。

蘋果公司、貝佐斯和華頓家的繼承人如今的表現又是如何？他們保護自己的財富。他們捍衛個人根深蒂固的地位，並在新競爭者構成威脅前就予以收購。他們和競爭者、監理機關與國稅局對抗，甚至收購報紙媒體。這就是各地億萬富翁的一貫行徑。蘋果、亞馬遜和沃爾瑪公司的創辦人都非常創新，他們創造了很多新產品與服務，其中有些人迄今仍未停止創新與創造。不過，明日最偉大的創新不可能來自成功創辦人的繼承人，也不可能來自多年來高踞財富五百大龍頭的企業。

這就是我們主張越過拉弗爾曲線的理論基礎。極端的財富就像是碳排放，會對其他所有人造成負面的外部性。課徵碳稅的目的並不是要徵稅，而是要降低碳排放。對最高所得者課徵極高稅率的目的也一樣：長期來說，實施這些稅率的目的並不是要為政府的各項專案籌集財源，而是為了降低超級富豪的所得。這些稅率能防止或阻礙以追求極端財富與鞏固財富為目的的各式抽租行為，並防止或阻礙不平等的社會發生一些殘酷的市場經濟體系現實。[5] 如果額外賺的每一美元都要上繳九十美分給國稅局，那還有誰會為了爭取兩千萬美元的薪資而不厭其煩地協商、為了賺取數百萬美元的利益而創造零和型金融商品、或大幅提高專利藥品價格？一旦實施近乎充公的稅率，就能重新分配經濟勢力，促使稅前所得的分配更加平等化，並使市場競爭得以改善。

從純邏輯的觀點來看，主張應遏制自由市場經濟體系所衍生之不平等的標準理由的論述，也可朝反方向推演。或許極端財富與巨額所得的外部性是正面的。或許超級富豪對社會的貢獻多於他們私下獲得的利益。或許我們今天都因比爾．蓋茲賺了數十億美元而受惠，而若這些億萬富翁的財富幾乎全數被政府稅制徵收，我們的景況全部會惡化，例如這可能意味比爾與梅琳達．蓋茲基金會（Bill & Melinda Gates Foundation）的資金來源減少（根據某些觀察家的說法，該基金會的資金運用效率比政府更高）。這就是著名的涓滴理論（trickle- down theory）的一種，根據這個理論，有錢人的財富最終將向下涓滴，嘉惠社會上的其他人。

為了更深入思考「越過拉弗爾曲線」的理論論據目前是否具備實驗價值，我們需要數據，這是這場辯論中經常缺乏的要件之一。

極端財富帶來的利益

要針對這些疑問提出符合科學的觀點，需要非常大量的數據。超級富豪的昌盛——以及影響超級富豪的昌盛的公共政策——如何影響整體經濟成長，並影響到每一個社會族群的所得動態？當富人被課徵的稅賦較少，勞動階級的所得就會增加嗎？要回答這些疑問，首先必須探討各個不同人口族群的所得成長狀況。

遺憾的是，國民會計帳（national accounts）只提供和總國民所得的成長有關的資訊，未提供每一個社會族群的所得成長數據。這是政府統計數據的重大疏漏。我們在幾年前展開了修補這項疏漏的旅程，目的是為了追蹤真正受惠於過去幾十年經濟成長的族群，例如，勞動階級、中產階級、有錢人和超級富豪分配到的經濟成長分別是多少。整體經濟成長數字對這項研究評估作業固然重要，但這些數字太過粗糙：真正重要的是醫師和銀行從業人員的所得成長狀況、退休老人與勞動年齡成年人的所得成長狀況，即各行各業與所有條件下的所得成長狀況。

我們創造了一個「分配國民會計帳」(distributional national accounts)資料庫，這個資料庫逐年系統化地將國民所得分配給每一個住在美國的成年人。我們不可能精確知道每一個人賺多少所得，目前沒有完整記錄這項資訊的任何官方檔案可用，所以，這個資料庫的觀測資料並不會對應到任何一個活生生的真人。這些觀測資料只是合成的資料，是以統計方式，結合所得稅申報資料、家庭所得與財富調查、社會安全統計數據與其他很多官方資料來源等建構而成。這個資料庫裡的合成虛構美國人表彰美國的完整人口。他們的所得加起來，正好等於美國經濟體系的總國民所得，而從一九八〇年以後，他們的所得平均每年成長一・四%，和總體經濟統計數字相符。

我們的計算絕非百分之百可靠，但我們希望未來政府的統計人員能接手這份研究並去蕪存菁，最終更期待公家機關能發表它們自行統計的官方分配國民會計帳。目前美國採用的國民會計帳幾乎完全根據二十世紀中葉的方法來編製，未能與時俱進。相較之下，我們相信我們這份研究具備「一致性」(各個所得階梯的成長加起來，等於總體經濟成長)、「透明性」(我們的準則和資料來源可公開取得)以及「普及性」(其他國家也採用相似的統計方法)等優點。[6]

公平的高成長（一九四六至一九八〇年）

在實施近乎充公的最高邊際所得稅稅率的那個時代，實際上發生了什麼狀況？

為了具體釐清哪些人受惠於那段時間的成長，我們將人口劃分成一百個相等規模的族群（一百個百分位），接著再計算其中每一個族群的長期平均所得成長率。由於最高百分位族群的所得占國民所得的比重非常高，所以，我們將最高百分位進一步劃分成幾個更精細的次族群：將頂層一％再劃分成十個族群，並進一步將頂層〇・一％劃分成十個次族群。所有族群劃分就緒後，就能計算從最低工資勞工到億萬富翁等不同族群的所得成長率。

我們從計算結果中看出什麼端倪？在二次世界大戰後那幾十年，不僅所得成長很強勁，而且各族群普遍享受了類似的成長率。從一九四六年至一九八〇年，每名成人的國民所得，平均每年成長二・〇％，這是當年所有走在世界技術尖端的國家中最高的所得成長率之一，也是各個世代中最高的所得成長率之一。幾乎每一個族群每年的所得都獲得和總體經濟成長率相仿的二・〇%成長率（請見圖 8.1）。唯一的例外和頂層一%最高所得族群有關，這個族群的所得成長比整個經濟體系的成長率低。不過，除了那一%的人口，其他各個不同社會族群的所得成長經驗，相似到令人震驚。從這一點就不難理解為何那段時間的經濟學家會以一個簡單的「代表性經濟個體」（representative agent）來為整個經濟體系造模，幾乎每一個社會族群的表現都和整體經濟體系很相近。

勞動階級被排除在經濟成長的大門之外（一九八〇至二〇一八年）

但一九八〇年至二〇一八年的情況看起來則截然不同。

第一個差異是，這段時間的平均成長率趨緩。在雷根與後雷根時代，美國經濟的第一個特色是委靡的成長表現。二〇〇八年至二〇〇九年的金融危機過後，經濟成長雖略微回升（尤其是和歐洲的情況比起來），但若觀察更長的期間（也就是將幾次的繁榮與蕭條、經濟衰退與隨後的復甦等加以平均），情況並不理想。從一九八〇年開始，每名成人的平均國民所得每年只成長一・四%。而進入二十一世紀後，這項所得數據的成長率進一步降低到每年〇・八%。

第二個差異是，多數社會族群並沒有享受到那一・四%的平均成長率。幾乎九〇%民眾的所得成長率低於那個數字，而且是經常遠低於那個數字。只有所得排名前一〇%的所得者享受到一・四%以上的整體成長率。若隨機挑選一個族群，它的所得成長率多半可能和經濟體系的所得成長率無關。換言之，民眾所得的成長（每一個人的平均所得成長率為〇・六五%）和經濟體系所得成長（一・四%）之間存在巨大的斷層。至此，「代表性經濟個體」的假設已毫無意義可言。

在此同時，美國的有錢人變得愈來愈有錢。觀察圖8.1中突然陡峭上升的曲線便一目了然。這顯示頂層一%、所得五十萬美元以上的富人所得成長率上升，而且極少數族群的所得成長更是暴增。以所得最高的〇・一%所得者族群而言，一九八〇年以來的所得共成長三二〇%。而所得最高〇・〇一%族群的所得則成長高達四三〇%。至於最頂尖的〇・〇〇一%所得族群的所得（也就是兩千三百位最富裕的美國人），更成長超過六〇〇%。

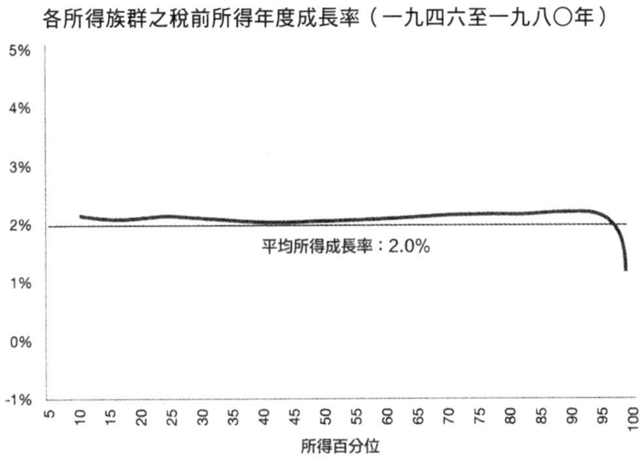

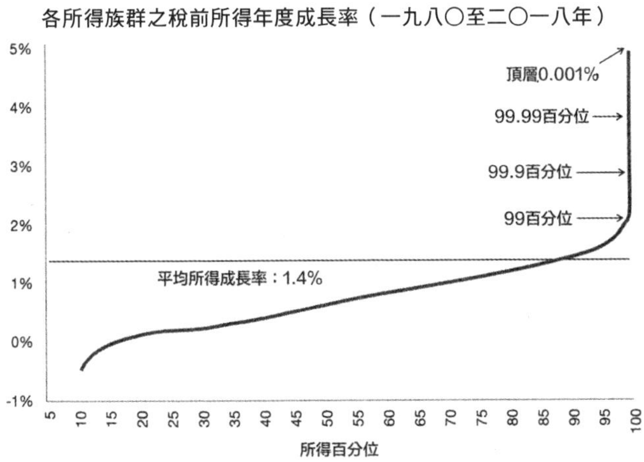

【圖 8.1】從平均共享成長變成只有富人獨享成長

附注：本圖描繪一九四六年至一九八〇年期間與一九八〇年至二〇一八年期間，每一所得分配百分位的每位成人之年度實質稅前所得成長率。一九四六年至一九八〇年，所得的成長平均分配到所有所得族群，各族群的平均年度所得成長率皆與總體經濟成長率相仿，為二%（只有頂層一%例外，這個族群的成長率較低）。但自一九八〇年至二〇一八年，所得成長分布變得不平均，底層所得族群的成長非常低，中產階級的成長也僅中庸，最頂層族群的成長則非常高。完整細節請詳：taxjusticenow.org。

在同樣的四十年間，勞動階級的所得則幾乎沒有增加（所得最低的那一半人口）。底層五〇％族群的平均稅前所得（二〇一八年時為一萬八千五百美元）幾乎沒有成長：調整過通貨膨脹後，這個族群在一九七〇年代末期的稅前所得，大約也有一萬七千五百美元。這相當於在那四十年間，這些民眾的平均年度所得成長率僅〇．一％。一九八〇年以後，不僅是流向頂層族群的所得占比上升，頂層族群的絕對所得也暴增，但底層一半人口的所得卻是持平。從這些數字，我們看不到有錢人的所得有「向下涓滴」到勞動階級的證據。換言之，勞動階級被排除在經濟成長的大門之外。

不過，我們心知肚明，這項證據也無法證明涓滴型政策傷害到勞動階級。這項證據並不能證明超級富豪賺到的財富是犧牲其他民眾而來。從純理論的視角來看，若租稅政策未偏愛有錢人，說不定現在勞動階級的處境已變得更糟，換言之，勞動階級過去四十年的所得可能不是平均每年成長〇．一％，而是可能降低。儘管這個推理似乎不是很說得通，卻也不是一項可被排除的因果推理。不同百分位的所得成長統計數據極端有用，但若只是觀察個別的情況，實在無法用來研判各種不同公共政策的優缺點。畢竟我們不可能為了釐清「若一九八〇年的稅率維持不變」會出現什麼發展，而搭時光機回到一九八〇年展開一場實驗。

但至少和二次世界大戰後那幾十年的所得成長率比較過後，我們並無法證明涓滴理論是正確的，甚至感覺它有害。

勞動階級的所得成長比較

拿美國的結果和一九八〇年以後實施其他政策的國家比較，也無法證明涓滴理論是正確的。

且讓我們看看大致上足以代表整個歐洲大陸的法國。美國平均每名成人的國民所得比法國高：目前大約高三〇%。但這並不是因為美國人平均來說較有生產力，而是因為美國人的工時較長：美國人從較年輕時就開始工作（局部原因是為了支付較高的大學成本），而且比較晚退休（局部是為了補貼較少的社會安全津貼），而且，美國人的假期較少，雙親照顧假較短。就生產力而言，美國和法國大致上旗鼓相當。兩國的國內生產毛額除以總工時——衡量生產力的最有意義指標——不相上下，目前大約都是七十五美元，而且，一段時間以來，這兩國都呈現相同的趨勢。[7]

儘管美國人的工時較長，但若只分析底層五〇％人口的狀況，法國每名成人的平均所得卻較美國高一一％。若只觀察貨幣面的條件（不考慮法國人的健康狀況較好與休閒時間較多等因素），占人口一半的法國勞動階級的經濟狀況比較好。這和法國作為一個福利國無關，因為我們討論的是扣除政府租稅與移轉前的所得。一旦將公共部門投注到孩童照護、醫療與教育等資金納入，法國勞動階級的日子甚至過得更好——這倒不那麼令人驚訝。真正有意思的是，市場為法國人實現的所得比美國人更高，而且多數人口的情況都相同。

情況並非一向這麼不堪。那是因為過去四十年間，美國勞動階級的所得停滯，但法國勞動階級的所得卻成長，平均每年成長〇．八％，這算不上亮眼的成長，而且自二〇〇八年與二〇〇九年大衰退後，法國勞動階級的所得也徹底停止成長。但無論如何，「平均每年成長〇．八％並延續一個世代的成長率」，絕對優於「平均每年成長〇．一％並延續一個世代的成長率」，儘管不是高很多。這樣的差異已足以讓法國勞動階級的所得超越美國的勞動階級：目前美國底層一半人口的平均所

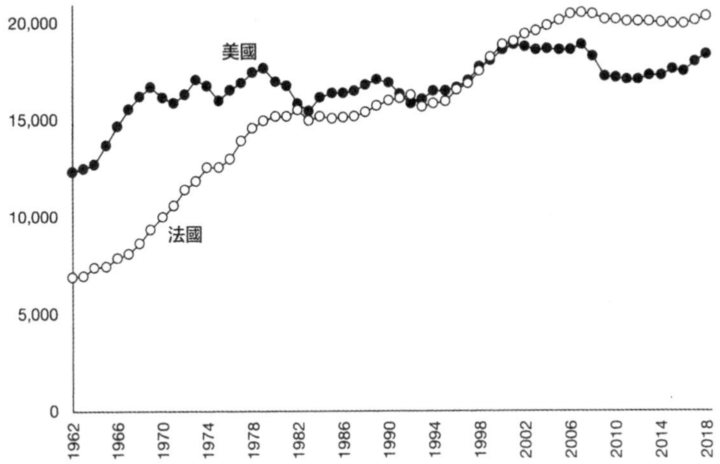

【圖 8.2】美國勞動階級的困境

（底層五〇％所得者的平均稅前所得——美國相對法國，以二〇一八年的美元計）

附注：本圖顯示自一九六二年以來，美國與法國底層五〇％所得者的每名成人平均所得——扣除政府租稅與移轉前之所得。相關數列是以二〇一八年的美元表達，歐元是採用購買力平價（purchasing power parity）匯率換算為美元。在法國，底層五〇％所得族群的所得成長較快速，目前他們的所得水準已超過美國的相同族群。完整細節請詳：taxjusticenow.org。

得，比法國的相同族群低兩千美元，但在一九八〇年時，美國這個族群的所得比法國相同族群高兩千美元。

有些人辯稱美國勞動階級的所得停滯無可避免。他們提到，幾股經濟動力——技術發展、國際貿易增加——的共同影響，導致勞工持久性地變得愈來愈沒有生產力，也導致外界對美國勞動階級所生產的產品的需求降低。但比較美國和法國的狀況後，這個世界觀的缺陷就變得一目了然。法國和美國經濟體系皆受相同的技術發展浪潮影響——大西洋兩岸的電腦使用狀況一樣普及。這兩個國家也都和新興經濟體進行貿易往來。這兩國的汽車產業與其他產業的很多勞工都被機器取代。然而，法國勞動階級的所得是成長的，雖然成長不多，但一九八〇年迄今，好歹也成長了三〇％，美國勞動階級的所得卻只有持平。這當中存在一個關鍵的教誨：技術的變遷與全球化的壓力並非導致美國勞動階級落難的罪魁禍首。

「美國勞動階級突然變得較沒有生產力」的見解禁不起嚴格的檢視。國際上的證據顯示，將美國勞動階級所得重新分配給頂層階級的元凶是美國的政府政策。一九八〇年代以後的歷屆美國政府，蓄意做出許多這方面的選擇，包括放任聯邦最低工資遭到侵蝕、降低富人的租稅、限制工會勢力，並提高公立大學的就讀成本等。[8]法國和多數其他富裕國家當然也經歷了其中某些相同的政策變遷，但美國家朝市場基本教義主義傾斜的程度較其他國家劇烈。

所得成長遭到低估？

「勞動階級所得超過一個世代以來的長期停滯」或許堪稱美國經濟體系最根本的發展，這項發展隱含巨大的政治與經濟寓意。但令人震驚的是，某些觀察家竟認為「勞動階級所得長期停滯」的說法一定是搞錯了，他們認為我們勢必低估了生活條件的實際進展。所以，除非先討論這項反對意見，否則我們將無法記取政策上的教誨。這些觀察家所持理由有三類。

首先，他們認為由於官方統計數據高估了實際的通貨膨脹率，因此也低估了所得成長率。在衡量成長率時，統計人員非常努力試圖釐清國民所得的增長中，有哪些來自生產的實際增加，哪些則應歸因於整體物價上漲。可惜這不是一件百分之百科學的研判作業。如果我們每年都生產完全相同的商品和勞務，這就會是一件簡單明瞭的評估工作。不過，經濟成長的本質代表長期下來，產品的品質傾向於提升。那麼，一項商品的價格上漲是因為它的品質改善，還是整體物價上漲所致？有時候，品質的改變是可直接觀察到的，統計人員因而能將這些改善列入考量（例如目前的電視螢幕比二十年前大）。不過，有時候品質的改善並不是那麼容易量化（例如較不具侵入性的外科手術，或是對使用者較友善的電腦軟體等）。另一個難處是，公司行號有時並不會對使用其服務的顧客收費，例如谷歌或臉書等公司。我們並未因使用谷歌地圖提供的定位服務而付費，所以，那一項服務根本未被納入國民所得的計算。

正是這些棘手的疑問促使某些觀察家暗示，國民會計帳的統計數據（乃至我們對國民會計帳的分配）低估了成長率。過去幾十年，每一個曾參與高層經濟決策制訂的人，或是新經濟的重量級人物，或多或少都抱持這樣的看法。雷根總統的經濟顧問委員會主席馬汀．菲爾斯坦（Martin Feldstein）曾說：「官方數據低估了實際產出與生產力的變化。」[9]；比爾．蓋茲曾說：「GDP 低估了成長率，連富裕國家也不例外。」[10] 和矽谷息息相關的經濟學家對這類論述最愛不釋手。根據谷歌的首席經濟學家哈爾．范禮安（Hal Varian）的說法：「外界對矽谷的發展狀況缺乏理解，因為我們沒有衡量這個發展的好方法。」[11] 凡此種種的評論，都暗示經濟體系存在某種隱形的成長奇蹟，只不過我們還沒找到適當衡量那個奇蹟的方法罷了。

原則上，這些都是正當的反對意見。不過，最近的學術研究暗示，即使將這些障礙列入考量，官方數字也不會改善多少。事實上，一九四六年至一九八〇年以及一九八〇年後那段期間的成長率趨緩程度，可能比我們想像的更嚴重。[12] 理由很簡單：比爾・蓋茲與其他人提出的問題並不是什麼新鮮問題；這些問題其實都是經濟成長過程中的固有要素。一九八〇年代以前也曾發生相同的問題——而且當時的這些問題甚至比目前更攸關重大。的確，智慧型手機的品質確實改善很多——但那和汽車與家電用品品質在戰後那幾十年間的明顯改善很類似。的確，矽谷創造了某些免費的新服務，但當年還屬於新發明的廣播與電視節目也一樣免費。整體來說，一九八〇年以來，美國每名成人的國民所得每年或許平均成長了一・五％，而不僅是官方統計數據所呈現的一・四％。但相同的，一九四六年至一九八〇年間的成長率，可能也高於我們的認知，或許是二・二％，而非二・〇％。若真的著手修正官方數據的完整時間序列，將使成長率更顯趨緩。而且，這幾乎不會影響到勞動階級的所得成長（充其量只是變成每年〇・二％，而非〇・一％罷了）。

事實上，官方數據可能並未遭到低估，反而是被高估。為什麼？因為若品質的改善有時難以量化，品質的惡化有時也會難以量化。航空旅程便是一九八〇年代以後服務品質降低的經典案例。更嚴重的是，經濟成長統計數據遺漏了氣候的急速惡化，以及生物多樣性（biodiversity）的縮減等問題。持平來說，在這些墮落現象方面的衡量錯誤，比在產出增加方面的衡量錯誤更攸關重大。谷歌地圖的確非常棒，但或許它並不像地球的未來那麼重要。

主張「所得成長統計數據曲解了勞動階級實際經濟進展」的第二類論述，聚焦在社會移動。他們主張構成底層五〇%族群的個人每年都有所不同。每一個族群都會有一些人順著所得階梯向上攀升，而他們留下的遺缺，會被其他新進入者填補。何況美國每年都有移民加入勞動力。這一切都可能使所得成長統計數據曲解勞動階級的實際經濟進展。當然，如果在評估長期的所得變化時，不是比較每一個族群的長期平均所得變化，而是追蹤某個人長年以來的所得變化，絕對能找到一些蓬勃發展的勞動階級民眾，某些評論家於是將這些個案當成通案，這樣的論述傳達了「美國乃機會之土」的普遍信念。

但那是一個謬論。所得移動本來就會發生：一個人的所得通常會隨著年齡的增長而提高。工資會隨著工作經驗的累積以及勞工本身的升遷等而增加。不過，統計數據所呈現的事實簡單明瞭：平均來說，目前美國勞動階級的所得並沒有比父母那一代在相同年齡時的所得高。[13] 當前美國勞動階級——不管是處於生命週期哪一個階段的勞動階級——經濟狀況都沒有比上一代好。要了解為何在追蹤民眾的狀況後，宣稱「勞動階級長期發展繁榮興盛」是錯誤的，可以參考以下思考實驗。想像一下，我們住在一個國民所得零成長的世界，這個世界上的老人年復一年被較年輕的一代取代，而年輕世代一開始的所得相對較低。在那樣一個世界，每一個人的所得還是會隨著年歲的增長而提升，但國民所得總額維持固定。在那樣一個零成長的經濟體系，歌頌進步的美德有意義嗎？沒有。就算勞動階級民眾的所得隨著生命週期的推展而增加，也不代表勞動階級真的變得較繁榮興盛。

至於移民的問題呢？美國的很多勞動階級的民眾確實是來自工資更低的其他國家嗎？有些新美國人確實符合這些條件，但整體而言，他們的統計效應太小，所以不具備攸關重大的意義。二〇一〇年至二〇一六年間，美國平均每年的永久移民流入數，僅約總人口的〇．三三％，大約是加拿大、德國、北歐國家和英國的二分之一至三分之一。[14] 美國向來是一個低移民國家，這個狀況早在川普政府上任之前就已存在。

重分配的極限

主張所得成長統計數據曲解了勞動階級的實際成長狀況的最後一個論述和政府的重分配有關。我們估計一九八〇年以來勞動階級平均所得每年僅成長〇．一％，這是採取扣除租稅與政府移轉前的所得。誠如我們討論過的，租稅已經增加，不過，政府移轉增加更多。所以，就稅後與移轉後的基礎而言，勞動階級平均所得成長率確實比統計數據稍微高一些。

但相關的影響並不大。在扣除租稅並加入移轉後，底層五〇％族群的所得成長率還是非常微薄，從一九八〇年起，大約每年成長〇．六％。不過，先別急著歌頌政府移轉對所得平等化的貢獻，在這之前，且讓我們想一想，這些移轉是增加在什麼地方？答案很簡單：主要是聯邦醫療保險計畫與聯邦醫療補助計畫。政府並沒有透過現金移轉來保護社會上最脆弱的人，也沒有為了紓解父母親的育兒成本而發放補貼給有子女的人。取而代之的，政府承擔了美國醫療費用遽增的大部分責任。受惠於政府這些慷慨賞賜的「受益人」，根本無法自主選擇將這些「賞賜」花費在他們認為合適的地方。換言之，這些錢並沒有進入受益者的銀行帳戶，而是流向醫療照護服務提供者的銀行帳戶，而其中某些醫療服務提供者隸屬養尊處優的頂層一%所得族群。我們能肯定把錢花在他們提供的服務是值得的嗎？

最終來說，美國平均餘命的變化是對市場基本主義的最有力控訴。平均餘命比所得更容易衡量；從很多方面來說，蘊藏在平均餘命數字中的資訊，遠比我們到目前為止討論過的較物質化福祉多得多。多數人在乎能否活得比別人老一點，活得比別人健康一點。平均來說，美國人有五分之一的年度所得是花在醫生、醫院、藥物和保險上。但以前美國人花在醫療照護的費用並沒有現在這麼多，而且目前美國人的醫療照護支出也遠比其他國家的居民高。儘管如此，美國人的平均餘命卻仍日益縮短。至二〇一七年為止，美國人的平均餘命已連續三年縮短。一九八〇年時，美國人的平均餘命比 OECD 公民多一歲半。但如今，美國人的平均餘命卻比其他富裕國家的公民少兩歲。[15]

這是一個緩慢惡化的趨勢；而它發生的時間點精準呼應了勞動階級相對生活條件的逐漸惡化。有錢人變得更長壽，窮人變得較早逝。回顧近幾十年的歷史，在承平時期，只有一個案例的平均餘命是縮短的：一九九〇年至一九九五年間的俄羅斯，因為當時它經歷了從共產主義逐漸轉型的混沌氛圍。

平均餘命結果的驚人翻轉顯示，有充分理由相信我們的所得成長統計數據並未誇大美國勞動階級的不幸，事實上，這些數據甚至低估了他們的不幸。

遏止財富的集中：激進的財富稅

我們就是基於這項經驗論據，主張應越過拉弗爾曲線，對富人實施更高的稅率。不管是比較過去四十年與戰後那幾十年的狀況，或是比較當今美國與其他富裕國家的情況，結果都顯示，超級富豪財富的高漲，並未能讓其他民眾受惠——而且超級富豪增加的財富，主要是靠犧牲勞動階級而來。

從事後諸葛的角度來看，這實在沒什麼好訝異的。供給面政策當然只會使供給增加。但究竟是增加了什麼供給？這些政策是否鼓勵教師、發明家和科學家做更多事？或許有。說起來或許不怎麼有道理，但根據邏輯，的確可能有某些教師、發明家和科學家會在巨額的利潤吸引下，趁著低租稅環境而更賣力工作。然而，不管他們有多麼在乎稅後報酬，顯然他們並不是對貨幣利益最有共鳴的一群人。零和型金融商品的銷售者、致命藥物的創造者、非法避稅手法的推廣者，和為這些人背書的律師、哄抬價格的奸商、專利流氓、捏造大學學歷的人等，才會趁著租稅降低時把握機會供給更多他們的勞動力。當租稅降低，這些唯利是圖的人將卯足全力大膽加速創新，導致監理機關愈來愈跟不上他們的腳步，也使一般人愈來愈難以看穿他們的騙局，被一騙再騙。如果最高稅率降低能鼓勵創新，一定也能鼓勵抽租行為的發生。

歷史經驗證明，對極高所得者課徵近乎充公的稅率，是最能有效遏制富人勢力與約束尋租行為（rent- seeking）的政策之一。不過，這個政策面臨一個重大的限制：誠如我們討論過的，它讓擁有太多財富的超級富豪太容易短報應稅所得。恢復課徵九〇%的最高邊際所得稅稅率，並不能使美國很多億萬富翁的應納稅額產生明顯的差異。

要克服這項限制，需要針對頂層財富課徵高財富稅。根據我們的估計，溫和地針對五千萬美元以上的財富課徵二%的邊際稅率，並對十億美元以上的財富課徵三%的邊際稅率（一如我們在前一章討論的稅率），就能徵收到很多稅金，大約等於每年 GDP

的一%。這麼一來，我們就會站在拉弗爾曲線「良性」的一端。

現在讓我們看看若實施激進的財富稅，針對超過十億美元的財富課徵一〇%的邊際稅率將發生什麼事。一旦實施這個稅率，一個坐擁有十億美元財富的富豪，必須繳納的稅金將是一千九百萬美元，和實施溫和財富稅的狀態下的應繳稅額相等（由於五千萬美元以上的稅率是二%，所以擁有十億美元財富的人，必須就九億五千萬美元那部分財富繳納二%的稅額，那就是一千九百萬美元）。激進的財富稅不會讓人更難以成為億萬富翁，但會讓人較難以保有數十億或數百億美元以上的身價。一個擁有二十億美元財富的人，一年將必須繳納幾近五%的稅賦，諸如索羅斯（George Soros）這種擁有數百億美元財富的富翁，必須繳納九%的稅賦，而像是傑夫．貝佐斯這種坐擁千億財富的富翁，則必須繳納一〇%的稅賦。小羅斯福的九〇%最高邊際所得稅，使年所得超過當今一千萬美元的家庭數大幅減少，相同的，激進的財富稅也會使擁有數十甚至數百億身價的富翁人數減少。這項政策的主要立意並非收稅，而是著重於財富的分散。

無疑的，無論稅率政策怎麼定，擁有數十億甚至數百億美

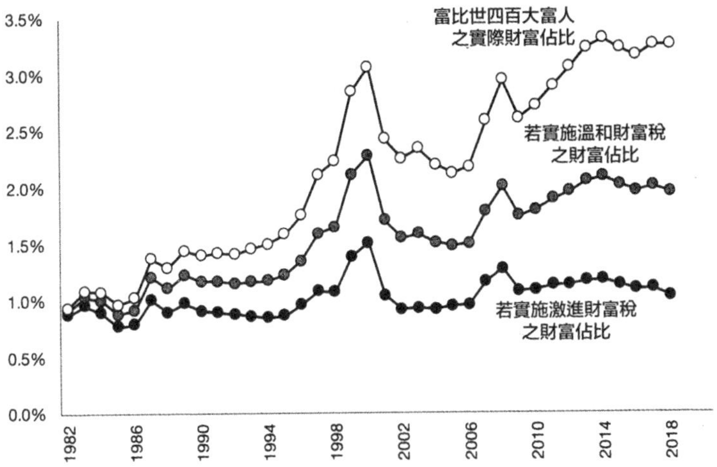

【圖 8.3】限制不平等惡化或去財富集中化的財富稅？
（富比世四百大富人的財富占比：實際金額相對自一九八二年起實施財富稅之假設金額）

附注：本圖描繪了一九八二年開始，《富比世》雜誌美國四百大富豪總財富相對全國財富之占比。本圖也描繪了若一九八二年起開始課徵溫和或激進財富稅後，這些富豪的財富占比會產生什麼變化。溫和財富稅是對超過十億美元的財富課徵三％的邊際稅率，而激進財富稅則是針對超過十億美元的財富課徵一〇％的邊際稅率。實際上，四百大富豪的財富占比從一九八二年的低於一％，上升到二〇一八年的幾近三．五％。若從一九八二年起徵收溫和的財富稅，他們到二〇一八年的財富占比，理當只有大約二％。若實施激進的財富稅，他們在二〇一八年的財富占比更理當只有大約一％，與一九八〇年代初期相當。完整細節請詳：taxjusticenow.org。

元以上財富的還是大有人在。就算過去幾十年是實施這種較高的財富稅，佐克伯在二〇一八年的身價，還是應該高達兩百一十億美元，而非《富比世》雜誌所記載的六百一十億美元。為什麼？因為從二〇〇八年開始（也就是佐克伯剛成為億萬富翁的那一年），他的財富便以四〇％的年增率飛速成長。一〇％

的年度財富稅理當不會阻止他的財富急速增加。但諸如比爾．蓋茲等較成熟的億萬富翁，可能「只」會擁有四十億美元的財富，而非外界所知的九百七十億美元（二〇一八年），因為到二〇一八年，他已做了三十個年頭的億萬富翁，長期被課徵激進財富稅的他，財富理當大幅縮水。如果一九八二年起就開始課徵激進的財富稅，到二〇一八年，美國最有錢的四百名富翁，多數依舊能保有億萬富翁的地位，但他們擁有的總財富應該只有目前的三分之一。他們的財富約當美國財富的占比，將和一九八二年時（也就是財富不平等嚴重惡化以前）的占比相似。

若實施激進的財富稅，光是在二〇一八年，就能向這四百位最有錢的美國富豪徵收到兩千五百億美元的稅收，這超過GDP的一%。不過，如果那樣的租稅從一九八二年起就存在，到二〇一八年那一年，它只能向這四百個最有錢的家庭徵收到六百六十六億美元的稅金，而就算是實施稅率遠比激進財富稅低的溫和財富稅，也理當能徵收到和上述金額非常接近的稅金，大約是五百億美元。長期下來，激進的財富稅能快速侵蝕頂層所得族群的財富，從而使超級富豪的納稅金額降低：激進的財富稅跨越了拉弗爾曲線。[16]

美國值得實施激進的財富稅嗎？對超過十億美元的財富課徵一〇％的年度財富稅，從而遏制巨額財富的增長，真的能讓整個社會受益嗎？即使這代表頂層所得階級貢獻的稅收將減少？多年來，隨著勞動階級所得停滯與超級富豪財富大增的數據變得清晰可見，我們本身對這個疑問的想法也變得愈來愈肯定。或許你們的想法也將因此有所改變。

第九章

一個無限可能的世界

多數和公共政策有關的辯論，總是會反覆出現一個不變的論點：租稅系統的累進性不重要；讀到本書的這個階段的你，可能會對這個論述的反覆被提出感到訝異。根據這個觀點，政府絕對能透過公共支出，實現它理想中的重分配。只要政府支出能幫到較脆弱的民眾，租稅怎麼課徵並不那是麼重要；真正收到稅金才重要。這個觀點在美國和歐洲蔚為主流，過去幾十年，國際貨幣基金與世界銀行也根據這類論述對新興國家提供租稅建議。這兩個機構鼓勵亞洲或非洲的政府提高增值稅來支應各項社會計畫所需資金——儘管那種稅捐對窮人造成的負擔高於對有錢人的影響。在這些提供建議的專家眼中，累進所得稅、繼承稅、財富稅都是不必要的，甚至可能帶來政治上的危險。

這個策略並非全然一無是處：增值稅確實可能徵收到非常高的稅收流量，有助支應教育、醫療和其他能提高生活水準的公共財所需。問題出在這些善意的專家們所參考的觀點——和租稅發展流程有關的根本觀點。租稅發展主要並不是機械式地徵收租稅來支應各項支出所需，無論這些支出多麼有幫助；租稅發展是要建立外界對各個機構的信任，包括最重要的：對政府的信任。當政府向窮人徵收的租稅高於向富人徵收的租稅，民眾對政府的信任就不可能維繫。

這是了解租稅史——從中世紀（Middle Ages）的抗稅行動，到二〇一八年在法國發生的「黃背心」運動——的必要見識。未來這個見識還是可能攸關重大。[1] 以環境稅為例。針對碳設定一個價格，是對抗氣候變遷的關鍵行動，不過，由於窮人花費在燃料與其他碳密集（carbon- intensive）商品的金額占其所得的比率高於有錢人，所以，碳稅通常是累退稅。為了彌補這個痛苦，在對抗氣候變遷方面，還將需要課徵額外的累進稅。遺忘這個基本事實的政府將會受到嚴厲的教訓。

再以醫療為例。以美國來說，導入全民健保的兩項最全面性作為之所以失敗（柯林頓在一九九三年提出的建議，以及二〇一四年的維蒙特單一保險人醫療照護計畫〔Vermont single-payer health care project〕），並不是因為缺乏普遍的支持，而多半是因為找不到輕鬆又公平的籌資方案。只著重支出面但不考慮財源籌措方式的建議，必然會落得這樣的下場。這類建議通常到最後不可能落實，所以也不會真發生支出。從柯林頓一九九三年的全民健保計畫失敗後，成千上萬個美國人因缺乏保險而身故；[2] 也有數百萬人活在失去保險的恐懼當中。

誠如我們在第七章討論的，只要向富人課徵多一點稅，美國最多就能徵收到相當於國民所得的四個百分點的額外稅收。這筆稅收就足以為數百萬甚至數千萬沒有保險的美國人提供醫療照護。不過，這筆稅收也可能成為美國更積極朝社會國（social state）擴張的起點——主要著重在以公共財源支應全民醫療照護、全民的學齡前至大學教育等。若美國更全面地朝社會國的方向前進，需要的財源將超過對有錢人課徵額外租稅所能收到的稅金。我們將在這一章說明取得這項巨大財源的可能方法。

社會國的崛起

為什麼多數民眾認為政府應該為醫療照護與教育提供財源？理由和民眾認為政府應該為退休提供多數財源的理由相同。一般認為富足的生活水準是一種根本的人權。實務上，若沒有教育、老年所得支援以及醫療照護，就無法實現富足的生活水準。

在二十世紀以前，老病民眾端賴家庭——而非政府——扶持、子女的教育費用靠父母提供，而年邁的雙親則仰賴子女照顧。宗教組織的任務則是扶助沒有家庭支援的人。不過，那是在多數人無法受教育、醫療照護機制簡陋且老年人預估壽命不長的環境下才會發生的情境。隨著科技改善，平均餘命延長，醫療科學進步，教育、退休與醫療成本增加，集體籌資也成為必要。

以美國來說，二〇一九年勞動階級（占一半人口）的所得，是每名成年人每年一萬八千五百美元。在此同時，美國有二〇%的國民所得是花在醫療照護支出，大約是每名成年人一萬五千美元。就算非常賣力控制成本，所有先進經濟體的醫療用途花費，至少都達到國民所得的一〇%。[3] 如果美國仿效這些國家，將醫療支出削減到國民所得的一〇%，每名成年人的醫療支出還是高達七千五百美元，以勞動階級一萬八千五百美元的所得來說，那樣的支出水準還是過高。

窮人購買醫療與教育時能不能打個折？不能。因為廉價的醫療照護意味你無法在真正需要的時候取得醫療照護，教育也一樣。將醫療照護服務視同理髮或餐廳用餐等服務——這類服務包含針對所有不同預算量身定做的產品——是一種迷思。窮人需要的醫療照護和有錢人一樣多，需要的教育也不會比較少。無論其出身背景，幾乎所有美國孩童都至少會接受十二年的教育，並從高中畢業；我們也都期許更多弱勢背景的孩子能上大學。每個人也都需要醫療照護。世界上沒有任何一個先進經濟體能以低廉的代價提供合宜的醫療照護與教育。

也因如此，在整個二十世紀期間，所有已開發國家都陸續將為教育（包括學齡前孩童照顧）、老年扶助以及醫療照護等提供財源的重責大任，託付給他們的政府。當然，一般人對於政府應該花多少錢、個人應該貢獻多少財源，以及如何監理教育、退休與醫療服務提供者等議題，也常引來許多辯論，而這些辯論自有其正當性。不過，世界上沒有一個成功的退休、教育與醫療照護模型不高度仰賴租稅或相當於租稅的強制捐獻來維持，那樣的例子不存在。所有先進經濟體的總稅收已從西元一九〇〇年的低於國民所得的一〇％，分別上升到如今的三〇％至五〇％國民所得，而稅收主要就是作為社會國三大支柱的財源，這三大支柱是年輕人的教育、老年人的退休津貼，以及全民的醫療照護。[4]

民間健康保險：巨額的人頭稅

美國也不例外。在一九三五年創立且仰賴薪資稅提供財源的社會安全計畫，目前每年將大約六％的國民所得用於退休與失能津貼上。另外，大眾中等與高等教育向來主要是透過政府安排，並以一般稅收支應。[5]即使較高等教育的學費昂貴，學生貸款也讓很多人背負沉重的負擔，美國的教育支出大約還是有三分之二的財源來自政府。美國政府也為窮人（聯邦醫療補助計畫）、老人（聯邦醫療保險）和退休軍人提供健康保險。

然而，這個美式社會國有非常大的漏洞。政府花費在孩童照護與幼兒教育的資金非常匱乏，美國的這項指標在國際間的排名幾乎是吊車尾。世界上最富裕的國家多保證讓為人母者享受一年以上的有薪懷孕假；而美國沒有為媽媽們提供任何保證。另外，除了某些扮演急先鋒的美國城市，美國並未針對五歲以下的孩童設置公立學校；美國也沒有公立的托兒所。其他富裕國家則是早在很久以前就了解到，由社會提供教育，包括幼兒教育，會比由市場提供更好；但美國尚未有這樣的體悟。

由於孩童照護的成本高得令人卻步（每名嬰兒一年的日間照顧成本，輕易可達到兩萬美元），很多家庭只好由父母親自照料小孩。實務上，這件工作主要是由媽媽負責。政府在這方面缺乏支出的事實，形同對婦女的時間課徵了巨額的租稅——即「時間稅」，這堪稱最古老形式的租稅。這項租稅對婦女的職涯造成極大的衝擊，並深化了性別不平等。美國初為人母者的薪資，平均相對初為人父者的薪資降低三一%。所以，儘管婦女的教育程度較男性高，且大學畢業比率高於男性，但薪資方面還是存在相當大的性別不一致。[6]即使從純效率的角度來看，這都是非常荒謬的現象，先是投注資源到較高等教育，但接著卻不在年輕婦女職涯發展的關鍵時刻，為她們提供子女的幼兒教育，進而導致她們無法繼續追求理想，不是很荒謬嗎？

美國對照其他先進經濟體的另一個特異性是，美國的公共健康保險遠遠未能涵蓋所有國民。大約只有一半的醫療照護支出（二〇％國民所得中的一〇％）是以公共財源來支應。大部分民眾必須購買民間的保險。但這個民間保險系統排除了數百萬甚至數千萬名美國人，且對勞工造成巨大的負擔。

誠如我們在第五章討論的，民間保險公司的保費相當於巨額的民間稅。雖然大多數勞工透過雇主而獲得保險，名義上保費是雇主買單，但這些保費和薪資稅一樣，都屬於一種勞動成本。一如薪資稅，保費最終是員工負擔。唯一的差異是，保費的累退程度甚至比薪資稅更高，因為保費和薪資高低無關。每名員工的保費都是相等的固定金額（保費高低只取決於年齡與家庭保險人數），就像是一種人頭稅（poll tax，注：在歷史上的某些時期〔美國的殖民地時期和一九六四年以前的美國部分州〕只有繳納投票稅〔poll taxes〕的人才能進行選舉登記。本書採用的是人頭稅的經典定義，也就是對每名成人課徵的相等稅捐）。祕書繳的保費金額幾乎和高階主管一樣多。

不意外的，民眾向來對人頭稅怨聲載道。一九八八年，柴契爾夫人為取代房地產稅而課徵人頭稅時，便面臨空前的反對聲浪，最終更導致她在一九九〇年被罷免。沒有任何一個政府會為了籌措醫療照護財源而突如其來地課徵人頭稅；人頭稅會對中等所得家庭造成壓垮性的負擔。然而，現在的美國實質上就是這麼做，只不過是由雇主代替政府實施巨額的人頭稅罷了。從二〇一〇年的平價醫療法案通過後，擁有五十名以上員工的雇主，依規定必須為勞工提供健康保險，否則就必須繳納罰金，以二〇一九年來說，違法的雇主會被處以每名員工兩千五百美元的罰金。由平均年度健康保險保費大增（每名投保勞工一萬三千美元），便可見這個系統注定無以為繼。

為了闡述這項人頭稅的規模有多麼驚人，且讓我們看看美國繳稅金額的分布（含強制性的民間健保保費）。誠如我們在第一章討論的，若只考量常規租稅，美國的租稅系統看起來就像是一個巨大的單一稅系統，只不過，頂層族群的租稅呈累退性。但若加入醫療照護人頭稅，這個租稅系統就變成一套赤裸裸的累退租稅系統：一旦將民間健康保險納入，位於所得分配底層的民眾，平均稅率便上升到將近三〇％，中產階級的稅率更達到接近四〇％，而億萬富翁的平均稅率則是劇降至二三％。

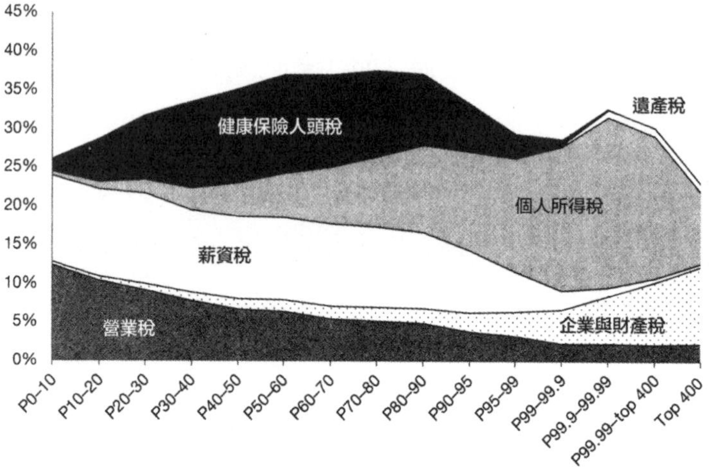

【圖 9.1】美國租稅系統：單一稅或極高累退性的稅制？
（稅率包括強制性的健康保險，二〇一八年）

附注：本圖描繪各所得族群的平均稅率及這些族群在二〇一八年的租稅組成內容。包含所有聯邦、州與地方稅。本圖加入了類強制性的雇主發起型健保保費，並將這項保費視為參與投保的勞工所繳納的額外稅賦。納入這些類租稅後，美國的租稅系統呈現顯著的累退性，勞動階級與中產階級繳納的稅賦遠高於富豪級人士，中產階級的負擔尤其沉重。完整細節請詳 taxjusticenow.org。

這項人頭稅對勞動階級與中產階級造成重創。對所得分配底層的民眾來說，這項人頭稅的負擔並不像銷售稅與薪資稅那麼沉重，但那是因為很多勞動階級美國人根本無法從雇主那邊取得健康保險。這類勞工不是得靠自己的力量投保、靠家庭成員為他們加保，就是登記參加聯邦醫療補助計畫，或是乾脆不投保。平價醫療法案讓有資格加入聯邦醫療補助計畫的美國人口增加，並且為未獲得這項保障的低收入民眾提供民間保險公司保費補貼，不過，即使有這項法律，到二〇一九年，還是有大約一四%的成年民眾沒有獲得健康保險的保障。[7]而且，這項法案並未能紓解勞工的負擔，因為勞工是透過一個類似人頭稅的機制來應付他們的醫療照護需求，對中產階級來說，人頭稅造成的負擔遠遠高於所得稅造成的負擔。

不能只靠薪資稅與增值稅

其他採全民健保或幾近全民健保，且公共孩童照護服務較為普及的富裕國家，如何為這些基本的社會需要籌措財源？一般來說，健康保險是以薪資稅或諸如增值稅等一般政府稅收作為財源。儘管聊勝於無，但這種型態的財源籌措方式並非完美。

薪資稅比人頭稅公平一些，因為薪資稅與工資高低成正比，至少到某個上限為止呈正比。不過，薪資稅有一大缺點：通常只對勞工的所得課徵，而資本所得免徵薪資稅。特定國家曾試圖擴大課徵薪資稅，將某些資本所得納入這項稅基，儘管如此，絕大多數的醫療照護財源還是由勞工負擔。[8]

如果不管民眾的所得來自勞動力所得或資本所得，人人都能使用醫療照護服務，既然如此，就沒有理由只要求勞工貢獻醫療照護的財源。而且誠如我們討論過的，資本所得的租稅愈來愈少（不過，很多國家的資本所得稅約當國民所得的比率愈來愈高），勞工被課徵的租稅卻愈來愈多（但勞工所得的上升速度卻低於國民所得，有時甚至停滯）。在那樣的脈絡之下，在為愈來愈高的醫療支出募措財源時，放任資本豁免繳稅的做法不僅不合理，也難以長久支持下去。

除了薪資稅，美國以外的所有先進經濟體都實施高額的增值稅。增值稅的原則是在二十世紀初興起，最初是由德國工業家威廉・馮・西門子（Wilhelm von Siemens）與美國經濟學家湯瑪斯・亞當斯（Thomas Adams）分別開創。法國是第一個實驗增值稅的國家，最初是在一九四八年開始試行，並於一九五四年擴大實施。增值稅的概念在一九六〇年代開始變得非常熱門，並在接下來那幾十年間獲得多數國家的採用。[9]增值稅取代了早期的消費稅，像是針對特定商品徵收的貨物稅、銷售稅與周轉稅（turnover taxes，和增值稅相似，差異是：周轉稅是針對中間產品課徵。又稱轉手稅)。[10]

增值稅相對被它取代的消費稅(但美國目前仍實施消費稅)的優勢非常顯而易見。增值稅針對服務課稅,也針對商品課徵。但它並不會對整個生產鏈造成「稅上加稅」的影響(但周轉稅會造成稅上加稅問題,也就是重複課稅),因為企業購買中間產品的成本,可從他們銷售的商品和服務的價值中扣除。增值稅也比銷售稅更難逃漏,因為這項租稅是在每一個生產階段徵收,不是最後銷售階段才徵收。也因如此,世界各地才會跟隨法國的腳步,廣泛採納增值稅。

某些觀察家認為解決方案顯而易見:美國應該採納增值稅來作為實現社會國(目前美國還不是一個完整的社會國)的財源。但我們認為那是錯誤的。增值稅有兩大缺陷:首先,它是累退稅,其次,儘管它的稅基比薪資稅大,但依舊太小。

增值稅是一種累退稅,因為它針對消費課稅,而非所得。勞動階級與中產階級當中的很多人沒有能力儲蓄:他們把全部所得都用於消費,而且有時候碰上時運不濟,他們的消費甚至會超過所得。所以,增值稅對這些族群的傷害非常大。相反的,當一個人爬升到所得金字塔的頂端,他的消費相對所得的比率會變得愈來愈小。一個人的消費量畢竟是有限度的，即使超級富豪出手極度闊綽，他們支付的增值稅相對其所得而言還是微乎其微。即使有錢人有時難免有動用到儲蓄，但那有可能是累積了幾十年（如果儲蓄被用來作為退休的財源）甚至幾個世紀（如果儲蓄被移轉給後代子孫）的所得以後的事了。相對於所得稅，消費型租稅更根本的不公不義是：有錢人能藉由儲蓄而暫時不繳消費稅，而窮人卻必須即刻付現。「遲來的正義不是正義」[11]，租稅也是一樣的道理。

和一般認知相反的是，增值稅並未對經濟體系非常大部分的環節課稅。金融、教育和醫療照護等現代經濟體系三大產業部門通常免徵增值稅。金融業是導致美國所得不平等嚴重惡化的最大貢獻力量；醫療照護的影響也不遑多讓。[12] 若新導入的租稅依舊免除這些產業部門的稅賦，我們還是無法在打擊不平等的戰爭上獲得任何進展。增值稅排除對金融業課徵的理由是，金融產業的「增值」金額很難計算。在一般行業，增值金額等於對顧客的銷貨金額減去中間投入的成本。金融部門管理你的資金（銀行帳戶、共同基金與退休基金），他們的收費導致你的報酬率降低，而且還以非常高的利率借錢給你（信用卡貸款、學生貸款、住宅抵押貸款）。不過，它並未明明白白就它的服務向你分離收費。

在增值稅最初於一九五〇年代導入時，金融、醫療照護以及教育產業部門的總規模還是非常小。但從那時開始，這些產業部門便快速成長。此外，由於增值稅被視為累退稅（這個觀點是對的），諸如食物等必需品因而獲得優惠的稅率。基於上述種種理由，標準增值稅稅率分別為二〇％與一九％的法國和德國等國家，徵收到的增值稅僅相當於國民所得的八％左右。[13] 換言之，增值稅只向大約四〇％的國民所得徵收稅款。美國的醫療照護與金融產業部門比歐洲更大，但民眾整體儲蓄相對其所得卻較少，增值稅的稅基相對總國民所得的比重也和歐洲差不多低。所以，要徵收到相當於國民所得的六％的稅收，美國將必須實施一五％的增值稅稅率。

增值稅和薪資稅的各項缺點，意味在這個高度不平等的時代，這類租稅不足以作為實現社會國的財源。這兩個選項在戰後期間的歐洲非常受歡迎，不過當時的不平等程度處於歷史低點，所以，以目前的情況來說，這兩種租稅已經過時。我們需要創新。

二十一世紀的社會國財源：國民所得稅

美國可以直接跳過增值稅，為打造二十一世紀的財政機構鋪設一條康莊大道——一如它在二十世紀期間的開創作為。但要怎麼做？答案是：設置國民所得稅。

相關的基本概念很簡單：國民所得稅是針對所有所得課徵的稅，不管所得來自勞動或資本，也不管所得源自於製造業部門、金融業、非營利部門或經濟體系的其他部門。這種租稅不會讓儲蓄豁免繳稅——儲蓄高度集中受有錢人掌控，而且，儲蓄受政府監理規定（例如自動登記加入退休金計畫與金融監理規定）鼓勵的程度，高於租稅減免對它的影響。為了簡化管理，國民所得稅應該採單一稅率，且不提供扣除額。

且讓我們釐清一點：設置國民所得稅的目的並不是要取代所得稅，也不是要取代其他任何累進稅。它的目的是要補強累進稅制，並取代對美國勞動階級與中產階級造成不公平沉重負擔的累退稅——其中最主要且累退性最高的是民間保險的保費。

國民所得稅是實實在在的均一所得稅。它不同於經濟學家羅伯・霍爾（Robert Hall）與阿爾文・拉布什卡（Alvin Rabushka）在一九八五年提議且深受很多保守派人士認同的「均一稅」，後者實際上是一種單一稅率的消費稅，和增值稅類似，只不過為了讓這項租稅變得更吸引人，它常被偽裝成一種所得稅。[14] 相較之下，國民所得稅的涵蓋面更完整且更公平，因為它不會差別對待所得的不同用途（消費相對儲蓄）。

要了解這項租稅的運作模式，請務必記住一個觀念：國民所得是勞動力所得、業務盈餘與利息所得的總和。具體來說，針對國民所得課稅，就意味對其中每一種所得流量課稅。

勞動力所得的國民所得稅應該由雇主負責處理與匯款。所有雇主——不管是營利事業、非營利組織或政府——將依麾下所有員工的全部勞動成本，等比繳納這項稅賦。這種勞動力所得稅看起來會像一種雇主薪資稅，但課徵的稅基擴大，包括所有附加福利，而且不設上限。國民所得稅涵蓋所有員工薪酬（這項資訊已經在企業與公司行號所得稅申報書上申報），共為國民所得的六二%。

其次，所有公司行號——從傳統餐館到巨大的股份有限公司——將必須就它們的盈餘繳納國民所得稅。這個稅基將是完整的盈餘金額，不能扣除任何項目，也沒有免除項目。公司行號可基於資本性資產的正常折耗申報折舊，但不能扣抵任何已繳納的稅額。業務盈餘的數字也是現成的，目前公司行號已基於企業與公司行號所得稅申報的目的而計算業務盈餘數字。

利息所得也將被課徵國民所得稅。公司行號支付的貸款與債券利息可自業務盈餘中扣除；放款人收取的對應利息收入則必須課稅。公司行號收到的利息已被納入業務盈餘，因此，只剩下個人與非營利機構的利息收入必須加進國民所得稅的稅基，而這件工作一點也不難處理。個人和非營利機構的外國股利收入以及其他形式的海外所得，也都應該課國民所得稅。

由於採用這種定義的租稅只會對所有所得來源課徵一次稅賦，因此沒有必要再對美國的股利（股份有限公司已經就它們的盈餘繳過稅了）、退休所得（因為包含退休撥款的勞動力所得已經被課稅）或任何政府移轉課稅。這是國民所得稅和增值稅的最大差異之一：國民所得稅不會使仰賴移轉所得過活的人負擔加重，因為這些人通常屬於所得分布底層。也因如此，國民所得稅的累進程度比增值稅高。

我們的計算顯示，國民所得稅的稅基幾乎涵蓋了一〇〇%

的國民所得。住宅所有權人繳給自己的租金（這也是國民所得的一部分，但難以課稅）不包含在這項稅基之內；不過，國民所得稅的稅基並未扣除房屋抵押貸款的利息支出。實務上，國民所得稅的稅基必然會因為逃稅行為而略低於一〇〇％的國民所得，而且，這項租稅也無法課徵到非正式經濟體系，包括勞工收到的帳外工資（wages off the books）或自雇型勞工等以現金形式發放的工資，而且某些公司行號也可能會短報盈餘。根據可用的估計值，諸如此類的活動將使稅基降低約國民所得的七％。[15]

由於國民所得稅的涵蓋面非常廣泛，故即使它的稅率不高，也能徵收到非常大量的稅金。因為每年的國民所得變化不是太大，它將是一個穩定的稅收來源，這項財源的穩定對實現社會國的長期任務尤其重要。某些人在某些場合主張碳稅能為醫療或孩童照護提供財源，但那是錯誤的。碳稅當然是對抗氣候變遷的必要政策，但它應該僅以打擊氣候變遷為目標，不該是以徵收中期以後的稅收為目標，換言之，徵收碳稅只是為了根除碳排放。成功的碳稅最終產生的稅收應該趨近於零才對。

若國民所得稅的概念那麼好用，為何過去未曾有人提議或實施？或許那是因為國際租稅競爭所致，因為國民所得稅確實會導致企業盈餘的租稅負擔增加。然而，一如第六章討論的，若針對跨國企業實施適當的租稅政策，和租稅競爭有關的疑慮自然會消除。

全民健保

國民所得稅開啟了一個充滿各種可能性的世界。以美國來說，這項租稅可能可以用來作為實現全民健保、孩童照護以及較平等的高等教育機會（例如為公立大學提供更多資金奧援）等目標的財源。美國的較高等教育尤其比其他國家不平等，在美國，貧窮家庭的二十二歲年輕人，只有三〇％上大學（有錢人家的同齡孩子上大學的比率是百分之百），[16] 而由於美國學生背負了沉重且快速增加的貸款，出社會後不得不忙著還錢，這連帶也使美國中產階級的財富累積之路受到阻礙。國民所得稅也可用來取代各州陳舊不堪的銷售稅（這種租稅的累退性非常高），這麼一來，一旦聯邦政府未能採取前述作為，各州至少有工具為它們的社會國目標籌措財源。另外，其他國家也能實施國民所得稅來降低勞動力所得所負擔的增值稅或薪資稅，

【表 9.1】二十一世紀社會國財源的籌措

稅收		
	租稅類型	稅收（相當於國民所得的%）
財富稅	五千萬美元以上稅率 2% 十億美元以上稅率 3.5%	1.2%
所得稅	股利與資本利得完整課稅 60%的最高邊際所得稅稅率	1.7%
企業稅	30%的美國企業稅有效稅率 各國最低稅率 25%	1.2%
國民所得稅	單一稅率 6%	5.6%
合計		9.8%

支出		
	支出類型	成本（相當於國民所得的%）
全民醫療照護	當前每名投保勞工八千美元 當前未投保者八千美元	6.0%
全民教育	公共孩童照護與幼兒教育	1.0%
	公立大學免學費	0.5%
降低銷售稅	廢除消費稅與川普的關稅	2.3%
合計		9.8%

附注：我們建議的改革能為全民醫療照護與全民教育（從幼兒照護到大學教育）提供財源，並廢除古老且高累退性的銷售稅（但保留貨物稅，這種租稅主要是對汽油、酒精和菸草課徵）。這項改革的財源來自額外對富人課稅（累進財富稅制、較累進的所得稅制，以及更強化的企業稅制）以及加徵一項國民所得稅，國民所得稅比增值稅更公平且稅基更廣。完整細節請詳 taxjusticenow.org。

從而讓租稅系統的累退性降低。

舉個例子，若美國實施稅率六%的國民所得稅，外加對富人課徵的更高租稅，將能徵收到相當於國民所得一〇%的政府稅收。若其中六個百分點用於醫療照護，一個百分點用於全民孩童照護，〇・五個百分點用於較高等教育，美國人就能成為一個符合二十一世紀新時代的社會國。剩下的稅收可用來廢除目前對勞動階級造成重創的古老銷售稅（與川普的關稅）。

雖然較健康且教育程度較高的勞動力可能產生的經濟效應難以量化，但證據顯示，這樣的勞動力將對所得成長產生正面的影響。當民眾不再需要擔心自己可能失去雇主提供的健康保險，就會有更多人可能選擇開創事業；更多大學畢業生能提振生產力；全民孩童照護則能提高婦女的勞動參與率。而這一切所促成的更高所得，將能使稅收增加，最終降低政府赤字。

如果要將六%的國民所得稅用來作為醫療照護的財源，具體上可以這麼做：四・五%的稅率就足以支應標準的健保——涵蓋所有目前透過雇主繳款的勞工的所有醫療需要。這樣的稅率也能讓平價醫療法案的交叉補貼擴大適用所有參與者。而將稅率提高到六%後，就足以讓目前沒有保險的三千萬名美國人獲得保障，進而實現真正的全民健保。

若能以六%的國民所得稅來支應醫療照護所需財源，多數美國人的經濟狀況就可能會開始有餘裕。當然，這一項國民所

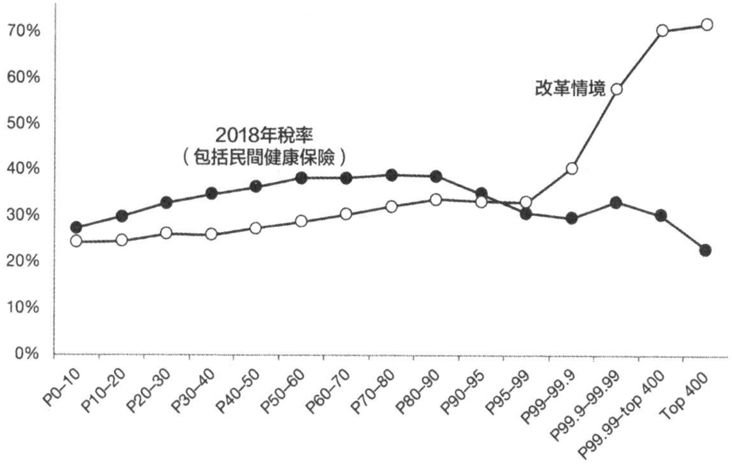

【圖 9.2】適合二十一世紀的累進租稅系統

闡述若採用我們提議的改革，美國的租稅系統將變成什麼模樣：有錢人的租稅達到拉弗爾曲線的頂端、國民所得稅（比增值稅更公平且稅基更廣）實施、銷售稅的廢除，以及巨額健康保險人頭稅的消失。

附注：本圖描繪了二〇一八年各所得族群的平均稅率，將雇主發起的健保保費視為稅金。改革情境廢除所有銷售稅與雇主發起的健康保險之保費，並導入六%的國民所得稅，課徵一項累進財富稅，同時提高企業所得稅，以及個人所得稅的累進性。完整細節請詳：taxjusticenow.org。

得稅將使勞工所得降低六%。但目前絕大多數勞工的健康保險費用，遠遠超過其所得的六%。假定你的所得是四萬美元，而你的雇主目前為你繳納一萬兩千美元的健保費，那麼，你的勞動力所得其實是五萬兩千美元，只不過其中二三%被「健保人頭稅」消耗掉了。如果有投保的勞工的保費低於其總勞動力所得的六%，他們就能開始有餘裕（換言之，超過九〇%擁有雇主發起型健保的勞工將會變得更有餘裕）。另一方面，高薪資所得者和擁有資本所得的人將繳納更多稅金。

反對採納「聯邦全民醫療保險」計畫的主要實務面理由是，目前受保障的員工不想放棄他們所了解的民間保險，接受全新的公共保險計畫。解決這個問題的方法之一牽涉到讓勞工選擇要不要保留目前的計畫。假定你的所得是四萬美元，而你的雇主目前撥款一萬兩千美元到一個民營的計畫。再想像一下，這個公共健康保險價值八千美元。在這個情況下，政府會支付八千美元給你的雇主。對雇主來說，投保你較偏好的民營保險計畫的成本就會從一萬兩千美元降至四千美元。不過，這項法律將強制規定雇主將政府支付的八千美元直接轉嫁給員工；因此你的實領薪資將增加八千美元，即增加二〇%。健康保險成本的降低對雇主並不會有任何影響，但直接促使勞工的實得薪資增加。

從上到下的所有社會族群，幾乎九五%的人的繳稅金額——含健保保費——都會比目前低。勞動階級（支付很多銷售稅）與中產階級（目前的醫療照護成本令人卻步）的可支配所得將顯著增加。以大約中間值所得的人來說，稅率將從三八％降至二八％，大約有十三個百分點的健保保費將消失，三個百分點的銷售稅也會消失，這些稅賦都會被六個百分點的國民所得稅取代。

這個租稅系統會不會傷害經濟成長？它會不會成為美國的末日？歷史告訴我們：不會。誠如我們討論過的，一九五〇年代的美國也曾採納類似水準的租稅累進性，但後來頂層所得族群的稅賦遽降，醫療照護成本暴增，而薪資稅的興起，更將美國的租稅系統改造成一個引爆不公不義的引擎。目前的富裕國家是透過集體為教育、醫療和其他公共財提供財源才得以成為富國，不是透過將極少數的超級富豪神格化而成為富國。如果歷史可為殷鑑，未來能繁榮興盛的國家，將是願意繼續投資全民成就的國家。

結論

租稅正義從今天開始

我們從我們的調查研究歸納出一個主要結論：一個社會能自主選擇它想要什麼水準的租稅累進性。全球化引爆了「如何有效對跨國企業與有錢人課稅」的棘手議題，但國際開放（international openness）不會導致我們注定走向一個租稅不正義愈來愈嚴重的世界。一九八〇年代以來，政府持續容忍逃稅行為，但從技術層面來說，沒有任何問題能阻止我們遏止逃稅行為的發生。由於目前如火如荼的逐底競賽影響，租稅的累進性面臨極大威脅，但美國有能力打造一系列能適應二十一世紀各種挑戰的全新財政機構，一如一個世紀以前開創累進稅制時的美國。

我們已透過本書提出應付這些挑戰的建議：為了抑制與極端財富和鞏固財富有關的那類抽租行為，應實施高度累進的財富稅；為了在全球化的同時兼顧租稅正義，應實施有效的跨國企業租稅；為了籌措現代社會國所需的財源並紓解高醫療照護成本，應實施國民所得稅。我們的解決方案絕非盡善盡美，也絕非唯一可能的解決方案。未來的租稅發展途徑不會只有一條，而是充滿各種可能性。歷史告訴我們，人類社會的獨創能力無可限量。經濟學家能提供的協助，不是推崇某些號稱無敵的約束或放諸四海皆準的法律（通常只有他們認為那些約束是無敵的，只有他們認為那些法律放諸四海皆準），而是讓潛在的未來的多元性更具體呈現在民眾眼前。

也因如此，我們開發了 taxjusticenow.org 網站。本書只說明一組解決方案，而這個網站則說明未來的發展途徑無限多。這個網站是從當前的租稅支出分配出發：巨大的單一稅、頂層族群租稅的累退性、美國當前的租稅系統如何演變而成以及我們在第一章討論的議題。不過，接著，它完成了所有書籍（不管篇幅多長）都無力完成的工程：它說明只要調整現有租稅、廢除某些租稅、加入全新的稅捐或加強強制執行等，就有機會改變從最低工資型勞工到億萬富翁，各個人口族群的有效稅率。透過這個網站，任何人都能迅速評估財富稅、較高的最高所得稅稅率或更嚴格的大型企業租稅，將對政府稅收與租稅系統的累進性產生怎樣的影響。

這個模擬器的關鍵創新是，它能說明長期下來租稅會對不平等的動態產生怎樣的影響。具體來說，如果你最偏好的財富稅從一九八〇年起就存在，貝佐斯、巴菲特和其他億萬富翁如今的身價將會是多少？如果最高邊際稅率從明天起調高為七〇％，又會對頂層一％族群的所得占比產生怎樣的影響？

但容我們把醜話說在前頭：沒有人能就這些疑問提出百分之百精確的答案。雖然目前經濟學家比以前更理解哪些經濟動力形塑了不平等情勢的演進，也比以前更了解稅制對經濟行為的影響，但我們迄今卻仍難以精準預測各種租稅對不平等情勢的影響。不過，這不能作為不盡全力繼續釐清相關問題的藉口。租稅系統的主要宗旨並不是要影響整體經濟的成長率，而是要改變經濟資源的分配，原因是它會改變每一個社會族群的可支配所得，但更重要的原因是它會影響賺錢與累積財富的誘因。在思考和稅制有關的問題時，任何一個嚴謹的人都必須凡事以改善不平等為先，以改善不平等為重，尤其是在目前這個財富愈來愈集中的世界。

這就是我們嘗試以 taxjusticenow.org 實現的目標。我們的目標並不是要提供一個明確的模型來釐清政府政策與不平等之間的複雜交互作用，而是要善加利用現有的知識，促進一場民主財政辯論。我們的模擬器非常透明，而且是一個開放源——我們的原始碼、數據和程式都可在網路上取得；我們的每一份研究成果都可轉載；我們的每一個假設都可被修正；我們的每一個選擇都可追本溯源到最新的一份研究。不過，就算你不是專家，一定也會使用這個模擬器；它是一個供全民使用的工具，只要你關心未來的集體行動，都可使用這項工具。[1] 未來幾年，我們計畫隨著租稅相關新知的興起，以及各項租稅對不平等的影響，進一步改良這項工具；我們也希望讀者能提供一些回饋與建議，在此先行致謝。

歡迎加入我們的 taxjusticenow.org。

謝辭

這本書是眾志成城的結果，若非眾多共同作者與同僚的齊心協力，難以成就這本書。多年來，他們和我們共同合作，並為我們的租稅與不平等研究提供很多評論，另外，若沒有我們兩人的所屬機構——加州大學柏克萊分校——本書也不可能完成。我們要特別感謝 Heather Boushey、Lucas Chancel、Kimberly Clausing、Camille Landais、Claire Montialoux 與 Thomas Piketty，他們為本書的草稿提供了非常詳盡的評論。感謝我們的研究助理 Akcan Balkir、Katie Donnelly Moran 與 Clancy Green 以及我們的代理商 Raphael Sagalyn。特別感謝我們的編輯 Brendan Curry 以及他在 W. W. Norton 的同事，他們的付出彌足珍貴。

注釋

第一章

1. 有關這一章討論的統計數據細節，請詳 taxjusticenow.org 的線上附錄。
2. Barbier (2014).
3. Reeves (2017).
4. Alveredo et al. (2018)。所有數據都可在世界不平等資料庫網站取得，網站名稱為 wid.world。
5. 二〇一九年的關稅正一步步接近七百五十億美元，是二〇一七年關稅稅收——三百八十億美元——的兩倍（美國商務部經濟分析局，美國國民所得與生產帳，表 3.2，二〇一九年第一季）。然而，包含各級政府的總消費稅超過八千億美元。((ibid. 表 3.5，二〇一七年，生產與進口總租稅，不含財產稅）。
6. US Treasury (2018).
7. Okner and Pechman (1974)。聯邦機關（國會預算辦公室、美國財政部或稅務聯合委員會〔Joint Committee on Taxation〕）與智庫（例如租稅政策中心〔Tax Policy Center〕）會製作各所得族群之聯邦租稅分配的統計數據，不過它們略過州與地方稅。例如請見美國國會預算辦公室（二〇一八年）。稅務與經濟政策協會((Institute on Taxation and Economic Policy）編製了近幾年的州與地方租稅分配估計值（租稅與經濟政策協會，二〇一八年）。Piketty, Saez, and Zucman (2018) 將所有租稅加以分配，而本章提出的結果更新了這項研究，讓它更盡善盡美。

8. 我們在 Saez and Zucman (2019) 詳細討論了這一點。

9. 在這項分布的最底層，民眾並沒有賺取勞動力、資本或退休所得，只有移轉所得；他們用這項移轉所得來繳納消費稅，故若以消費稅占稅前所得的比率來計算，這些人的稅率非常高。所以，我們為了規避這個問題，將所謂的人口群限縮在稅前所得達到年度聯邦最低工資（每年七千兩百五十美元）的半數金額以上的成年人。那個人口群的平均稅率幾乎和總體經濟稅率一模一樣。

10. 一九五〇年時，最低工資是每小時〇．七五美元，換算下來，這相當於一個全職就業機會全年一千五百美元的工資（五十週 * 四十小時 * 〇．七五美元）。一九五〇年每名成人的國民所得是兩千六百六十美元。

11. 關於法國薪資稅的說明，請詳經濟合作與發展組織（二〇一九年）。

12. 稅務與經濟政策協會（二〇一八年）提供了州與地方稅之累進性的最完整估計值。

13. 二〇一七年國民會計帳中的聯邦企業稅稅收為兩千八百五十億美元，二〇一八年為一千五百八十億美元（美國戶口普查局，二〇一九年，表 3.2）

14. 公司行號的業主能將資本存量（不含土地、無形資產與存貨，以購入價格且尚未扣除折舊評價）的二．五％扣除（上限為所得的二〇％）。只要他們的資本報酬率——業務所得相對資本存量之價值的比率——低於一二．五％（二．五％／二〇％），扣除額就不受限。

15. Landais, Piketty, and Saez (2011) and Bozio et al. (2018).

第二章

1. 一九五二年至一九五三年，最高邊際所得稅率甚至達到九二％。

2. 從殖民地時期開始記錄的財產稅被學者用來建構美國南北戰爭以前的不平等狀況的統計數據。北方殖民地的不平等程度遠低於英格蘭。（Lindert, 2000）

3. Einhorn (2006).

4. Einhorn (2006).

5. 加拿大作家羅納德．萊特（Ronald Wright，Wright, 2004）將這個說法歸因於約翰．史坦貝克（John Steinbeck），但有可能只是轉述。

6. 一八六一年的稅收法案就已針對八百美元以上的所得設定三％的聯邦所得稅，這是史上第一項成法的聯邦所得稅規定，不過，由於缺乏強制執行機制，所以從未真正實施。這項法案被一八六二年的稅收法案廢除且取代。

7. 一八六〇年的美國大陸大約有三千一百萬名居民（美國戶口普查局，1949, 數列 B2）。

以當期美元計，當時美國的國民所得大約是五十億美元（美國的歷史統計數據在 A154 數列中報導，一八五九年的總「民間生產所得」為四十一億美元，那個數字有可能稍微短列，所以，必須就小額的政府生產進行向上調整），所以，一八六〇年的人均所得大約是一百五十美元，也就是免稅門檻六百美元的四分之一。從一八六〇年至一八六四年，物價指數上漲大約七五％（Atack and Passell, 1994, p. 367, Table 13.5），所以，一八六四年的人均所得上升到約末兩百五十美元。

8. Huret (2014), p. 25.

9. 一八六〇年至一八六四年間，美利堅聯盟國的物價指數上漲大約四十倍，但合眾國只上漲大約七五％。Confederacy: Lerner (1955); Union: Atack and Passell (1994), p. 367, Table 13.5.

10. Huret (2014, p. 40– 41).

11. US Bureau of the Census (1975), series Y353– 354.

12. Holmes (1893).

13. Sparh (1896), Pomeroy (1896), and Gallman (1969).

14. Lindert (2000).

15. Seligman (1894).

16. Huret (2014), p. 85.

17. See Mehrotra (2013) and Scheve and Stasavage (2017).

18. 根據可用的估計值，在第一次世界大戰爆發前夕，歐洲頂層一〇％所得族群持有九〇％的總財富，而美國頂層所得族群則掌握七五％的總財富。((Piketty, 2014; Piketty and Zucman 2015）

19. Fisher (1919).

20. Einhorn (2006)，第六章。

21. Plagge, Scheve, and Stasavage (2011), p. 14.

22. 有關那樣一個理論模型的表達，與它使用現代數據來估計等，請見 Piketty, Saez, and Stancheva (2014)。

23. Kuznets (1953) 率先以個人所得稅統計來計算頂層族群的所得占比。有關頂層族群財政所得占比的現代估計方法，請見 Piketty and Saez (2003)。此處引用的統計數據是指頂層〇・〇一％族群所得不含資本利得的占比。

24. 有關我們如何計算末稅所得的說明與完整結果，請見 Piketty, Saez, and Zucman (2018)。

25. Norton- Taylor (1955).

第三章

1. 一九八六年年底，美國廣播網（ABC）與蓋洛普（Gallup）的四份民調顯示，以贊同比率而言，大眾對一九八六年租稅改革法案的支持，充其量只介於二二％至四〇％，有非常多大眾未表示意見。這四項民調的贊同／不贊同／不了解的百分比分別是：22/15/63, 22/15/63, 38/36/26, 40/34/26。(Kertcher, 2017)
2. Crystal (1992) 顯示企業高階主管薪酬在一九八六年稅改法案實施後暴增。Hubmer, Krusell, and Smith (2016) 發現，一九八六年稅改法案是促使美國財富集中度惡化的關鍵作用力。也請見 Piketty, Saez, and Zucman (2018)。
3. 例如請見《經濟展望期刊》(Journal of Economic Perspectives) 於一九八七年針對一九八六年年稅改法案舉辦的專題研討會（網址為 https://www .aeaweb .org/issues/256）。即使是偏好累進稅制的學者如 Joseph Pechman 或 Richard Musgrave，最終都大致支持這項租稅改革——或至少承認這項改革不得不為。(Pechman, 1987; Musgrave, 1987)
4. 有關朝聖山學社，請見 Burgin (2012)。有關富人的抗稅行動，請見 Martin (2015)。有關高華德的見解，請詳 see Perlstein (2001)。有關保守性基金會的作用力，請詳 Mayer (2017) and Teles (2012)。
5. 柴契爾夫人，一九八七年九月接受《女性自我》(Woman's Own) 雜誌的訪問。
6. 有關逃稅與租稅強制執行的討論，請見 Slemrod (2007) and Slemrod and Bakija (2017) 與第五章。
7. 自一九二二年初次導入優惠式資本利得稅稅率後，長期資本利得的最高稅率向來都低於四〇％。自一九四二年至一九六四年——也就是實施幾近充公的最高邊際所得稅稅率的時代——最高稅率也僅有二五％。
8. 經濟學家並不把這項社會規範當一回事，因而無法理解為何當時的企業發放股利，並以「股利之謎」(dividend puzzle) 來稱呼這個做法。(例如請見 Black, 1976)
9. Hall (1951), p. 54. Lewellen (1968)，針對一九六〇年代起企業高階主管薪酬所做的經典研究，完全漠視企業的額外津貼，因為這份研究認為那些津貼微不足道。
10. 一九五五年《財星》雜誌上的一篇長篇文章描述了企業最高階主管的生活方式（Ducan-Norton, 1955）。企業額外津貼只被提到一次，相關的文字是：「常見的做法是企業總裁搭公司的飛機到紐約時，也順便讓親友團「搭便機」。回程可能還繞到加拿大去釣個魚。」和當今企業額外津貼相關的奇聞軼事——例如雷諾汽車公司在二〇一四年為該公司當時的執行長卡洛斯．戈恩（Carlos Ghosn）在凡爾賽宮舉辦的六十大壽慶祝會買單（花了超過六十萬歐元，但官方說法是，那場宴會是為了慶祝雷諾與日產汽車結盟十五週年而舉辦）——對照之下，顯得小巫見大巫。
11. US Joint Committee on Tax Evasion and Avoidance (1937).
12. Fack and Landais (2016), Figures 4.5 and 4.7.
13. Wang (2002), p. 1252.

14. 這是兩位作者利用國稅局的所得統計部發表的公開所得稅數據計算而來。

15. 更甚的是，來自消極行為（passive activities，指納稅人持有公司行號的部分股權，且未進行任何和管理業務有關的重大行為）的業務虧損只能用來扣抵相似的消極行為的業務利得。更詳細的討論請見 Auerbach and Slemrod (1997)。

16. Thorndike (2003).

17. 大衛．凱伊．約漢斯頓（David Cay Johnston）二〇〇三年的書《百分百合法》（暫譯，Perfectly Legal）一書，描述了有錢人自一九七〇年代中期以後的避稅行為暴增。

18. Ventry (2006).

19. 這些租稅稽查統計數據是國稅局每年發布的數據，可在網路上取得（美國財政部國稅局，2018，二〇一八年表 9a，以及美國財政部國稅局，1975，一九七五年表 2 第 89 頁）。《架空國稅局》（暫譯，Gutting the IRS）系列報導（ProPublica, 2018– 2019）利用這些統計數據，翔實記載了近幾十年間國稅局強制執行活動的劇烈減少。

20. 透過遺產稅統計數據可能可以推算出全體人口的財富分配，做法是採用遺產乘數法（estate multiplier method，譯注：又稱死亡率倒數法），其中身故時的財產是根據不同年齡、性別與財富而定的死亡率倒數來權衡。詳細討論與評估請見 Saez and Zucman (2016)。

21. Raub, Johnson, and Newcomb (2011).

22. 有關一九六〇年代與一九七〇年代規避遺產稅相關情事的說明，請見 Cooper (1979)。

23. Kopczuk and Saez (2004), Table 1, column 2.

24. 唐納．川普是非法規避遺產稅的寫實案例之一，《紐約時報》翔實記載了他的非法避稅行徑（Barstow, Craig, and Buettner, 2018）。

25. 研究逃稅的學術文獻認為，邊際稅率對逃稅的影響非常小，但強制執行對逃稅行為的影響則非常大。例如請見 Kleven et al. (2011)。

26. 這就是一般所知的國稅局全國研究計畫（National Research Program），先前稱為納稅人法遵衡量計畫（Taxpayer Compliance Measurement Program），例如請見美國財政部國稅局（1996）。

27. Guyton et al. (2019).

28. 就美國的部分而言，這明文記載於國稅局全國研究計畫（例如請見美國財政部國稅局〔1996〕）。Kleven et al. (2011) 以丹麥的背景，更詳盡分析這份發行物。

29. Alstadsater, Johannesen, and Zucman (2019) and Zucman (2019).

30. International Consortium of Investigative Journalists (2016).

31. Zucman (2013, 2015) and Alstadsater, Johannesen, and Zucman (2018).

32. Johannesen and Zucman (2014) 研究了銀行資訊自動交換前盛行的資訊交換機制，透過那套機制交換的資訊非常薄弱。當時跨國資料交換協定的網路不完整，導致逃稅者利用不配合進行資訊交換的租稅天堂的境外帳戶，逃避相關的問題。

第四章

1. Zucman (2014).
2. Organisation for Economic Co- operation and Development (2017).
3. 以美國來說，第一次世界大戰至一九三〇年代中期，員工代表計畫與企業工會——員工投票選出的實體，負責就勞動場所的各項議題與經營階層協商——在企業內部扮演重要的角色。
4. Wright and Zucman (2018).
5. Zucman (2014).
6. https://www .sec .gov/Archives/edgar/data/1288776/000119312504143377/d424b4.htm .
7. Drucker (2010), Kleinbard (2011), pp. 707– 714。愛爾蘭已承諾將在二〇二〇年以前逐步廢除讓作為百慕達租稅公民的企業得以在愛爾蘭進行公司設立登記的方案。
8. Bowers (2014).
9. Wright and Zucman (2018).
10. 請見美國財政部國稅局，各國報告（Country- by- Country Report）（表 8975）(2018, Tax Year 2016, Table 1A).
11. Torslov, Wier, and Zucman (2018) and Clausing (2016, 2019).
12. 舉個例子，有關《財星》五百大企業在減稅與就業法案通過前的境外利潤金額估計值，請見 Phillips et al. (2017)。
13. See for instance Hodge (2018).
14. Cook (2016).
15. Wearden and Elliott (2018).
16. 有關國家主權商業化的見解，請見 Palan (2002)。
17. Torslov, Wier, and Zucman (2018).

第五章

1. 自雇型勞工的所得混雜各種所得，因為就概念上來說，他們的所得相當於他們的勞動力所得（來自治療病患或提供法律服務所花費的時間）與資本所得（來自醫療設備、諸如法律事務所的品牌價值等無形資產）。將七〇%的自雇型所得歸因於勞動力可能不免流於武斷，但因為多數勞工是受薪者（非自雇），所以，大致上來說，沒有必要改變這項假設。

2. 公開的財務報表並不會獨立報導總勞動成本（勞動成本和其他成本被共同加總在「銷貨成本」中）。然而，我們知道，二〇一八年蘋果公司的全職員工共約相當於十三萬兩千名，且拜證券交易委員會在二〇一八年實施的一項新規定所賜——強制企業揭露執行長薪資相對員工薪資中間值的比率——因此，我們知道蘋果公司員工的薪資中間值（median）為五萬五千美元（不包括健康保險等附加福利）。我們假設員工薪資平均（average）為九萬五千美元，再加上兩萬美元的健康與退休福利，總計勞動薪酬大約是一百五十億美元。接著，我們將這個金額加到蘋果公司二〇一八年 10-K 報告的第三十八頁上所報導的「營業利益」——七〇九億美元——最後得出蘋果公司的附加價值（約八百五十億美元）。

3. 有關各國與各時期總體經濟層次的資本所得相對勞動力所得占比的系統性分析，請詳 Piketty and Zucman (2014)。

4. 為求完整，我們也依勞動力與資本所得的國民所得占比，等比將銷售稅分別歸因於勞動力與資本。這麼做能確保總體經濟稅率等於依勞動力與資本各自在國民所得的占比來加權的資本與勞動稅稅率的總和。

5. 根據凱瑟家族基金會（Kaiser Family Foundation），二〇一四年在美國進行核磁共振（MRI）掃描的成本（平均一千一百一十九美元）比諸如澳洲（兩百一十五美元）等國高五倍。闌尾切除術的費用是一萬五千九百三十美元，相當於所得分配的底層五〇%的一般美國家庭的全年度稅前所得（Kamal and Cox, 2018）。

6. 凱瑟家族基金會雇主健康福利調查，二〇一八年；一九九九年至二〇一七年的健康福利統計數據也請見 Kaiser/HRT 有關雇主發起之健康福利調查。勞工統計局員工福利調查顯示，二〇一七年有五八%的勞工取得醫療照護福利（美國勞工局統計數據，全國薪酬調查，二〇一八年，表 9）。二〇一七年，美國有一億五千零五十萬名全職與兼職員工（請見美國商務部經濟分析局，二〇一九，表 6.4D），因此，有八千七百三十萬名勞工擁有健康保險，每人平均保險成本為一萬兩千美元。二〇一七年，雇主發起的福利的總保費成本為一・〇四四兆美元（請見美國聯邦醫療保險與聯邦醫療補助保險中心，二〇一九年，表 05-06 的全國醫療支出帳戶）。假定二〇一七年至二〇一九年的醫療照護成本名目成長率為四%，那麼到二〇一九年，這項成本將達到每名勞工一萬三千美元。

7. Dafny (2010).

8. 經濟合作暨發展組織 (2018c, 2019c).

9. 二〇一七年雇主發起型福利的總保費成本相當於國民所得的六・二%（一六・七五六兆美元國民所得中的一・〇四四兆美元，請見美國聯邦醫療保險與聯邦醫療補助保險中心，二〇一九年，全國醫療支出帳之表 05-06，美國商務部，二〇一九年，表 1.12）。

隨著醫療照護成本成長速度超過國民所得，二〇一九年的對應數字已略微高於六．二%。

10. 有關 OECD 各國之總體經濟稅率，請詳經濟合作暨發展組織 (2018c)。
11. Piketty, Saez, and Zucman (2018).
12. 有關資本稅制、資本報酬率與長期財富不平等之間的交互作用，請詳 Piketty (2014)。
13. 頂層財富占比的估計方式是將所得稅申報資料上所申報的資本所得予以資本化。請見 Saez and Zucman (2016)，更新的數據序列請見 Piketty, Saez, and Zucman (2018)。
14. 這些零資本稅結論就是一般所熟知的阿特金森－史提格里茲定理（Atkinson- Stiglitz theorem，Atkinson and Stiglitz, 1976）與錢姆利－賈德結論（Chamley- Judd result，Chamley, 1986, and Judd, 1985）。然而，這些結論是以極度不切實際的頑固假設為基礎。在較務實的背景之下，資本稅實際上是符合理想的。（例如請見 Piketty, 與 Saez, 2013, 以及 Saez 與 Stantcheva, 2018）
15. Piketty and Zucman (2014).
16. 有關過去一個世紀底層九〇%所得族群的儲蓄與財富演變，詳細說明請見 Saez and Zucman (2016)。
17. 兩本極受大眾喜愛的書籍概述了行為經濟學文獻，並就行為經濟學對公共政策的寓意做出結論：Thaler and Sunstein (2008) and Thaler (2015)。
18. 這個結果最初是由 Madrian and Shea (2001) 確立。後續很多研究都複製了他們的研究報告。（例如請見 Beshears et al., 2009）
19. Chetty et al. (2014).
20. 舉個例子，丹麥的這個情況非常顯而易見，它在一九九七年廢除了累進式財富稅，但該國的財富不平等並未惡化，因為有錢人的額外儲蓄率遠低於中產階級儲蓄的增加——導因於退休金監理規定的變革。請見 Jakobsen et al. (2018)。
21. See De Mooij and Ederveen (2003) for a survey of the empirical literature.
22. McCormick (2018).
23. Agostini et al. (2018).
24. 以色列方面請見 Romanov (2006)。瑞典請見 Edmark and Gordon (2013)。挪威請見 Alstadsater (2010)。芬蘭請見 Pirttila and Selin (2011)

第六章

1. 國際貨幣基金 (2019), Appendix 1, p. 47.

2. Torslov, Wier, and Zucman (2018).
3. 可用估計值顯示，近幾年，全球移轉訂價專家的總薪酬大約是每年兩百億美元，請見 Torslov, Wier, and Zucman (2018)。
4. Brennan and Buchanan (2000).
5. 例如，請見 Atkinson, Piketty, and Saez (2011) and Piketty (2014).
6. Organisation for Economic Co- operation and Development (2018).
7. 請見 taxjusticenow.org 的線上附錄。
8. 聯邦企業稅稅收從二〇一七年的兩千八百五十億美元降至二〇一八年的一千五百八十億美元（美國商務部，二〇一九，表 3.2）。州企業所得稅降幅為三五％（從二〇一七年的三千三百八十億美元降至二〇一八年的兩千一百八十億美元，ibid. 表 3.1）（原文" from $338 billion in 2017 to $218 billion in 2017" 第二個年度應錯誤，理當為 2018）
9. 二〇一八年的美國租稅改革以其 GILTI（「全球無形低稅所得」）條款，導入了初步雛形的修補稅制。根據這項規定，若美國跨國企業的外國盈餘被認定為「異常高」（也就是超過有形資產報酬率一〇％），這些外國盈餘就會被美國課徵一〇．五％的最低稅率。然而，這項條款依舊不足，關鍵的理由有兩個：一〇．五％的稅率過低，而且修補稅並不是逐國課徵，而是根據合併後的基礎來課徵（這意味當一個企業在百慕達認列盈餘但在日本繳納了足夠高的稅賦，它就能避免繳納修補稅）。更多詳情請見 Toder (2018)。
10. Bloomberg (2017).
11. Forbes (2019), accessed July 4, 2019.
12. 有關美國採用企業盈餘分區分攤相關經驗的分析，請見 Clausing (2016b)。
13. Organisation for Economic Co- operation and Development (2019b).

第七章

1. Barstow, Craig, and Buettner (2018) and Buettner and Craig (2019).
2. Rawls (1971).
3. 經濟學家的主要論據是功利主義原則——將社會上所有個人的效用總和最大化。個人效用會隨著所得的增加而上升，但隨著所得變得非常高，額外一美元所得所能提供的效用的增長率會愈變愈低，最後甚至完全不產生效用。請見 Piketty and Saez (2013b)
4. Ramsey (1927).
5. Diamond (1998) and Saez (2001).
6. 有關一九八六年租稅改革所引發之避稅反應的討論，請見 Slemrod (1990) 與 Saez

(2004)。Moffitt and Wilhelm (2000) 說明，租稅改革使高所得個人應稅所得增加，但他們的工時並未同步增加。

7. 有關理論分析的結論，請見 Diamond and Saez (2011)。
8. Saez, Slemrod, and Giertz (2012) 檢視這份實證文獻，並說明根據明文記載，因租稅變革而產生的行為反應都是來自避稅行為。以諸如避稅機會非常少的丹麥租稅系統為例，經量化，因租稅變革而產生的行為反應非常小，以頂層所得者來說，彈性大約介於〇．二至〇．三。（Kleven and Schultz, 2014）
9. 五十萬美元以上所得者的平均所得大約是一百五十萬美元（Piketty, Saez, Zucman 2018）。因此，最高級距納稅人將就一百萬美元的所得繳納七五％的稅，但第一筆五十萬美元的稅率較低。如果我們假設他們的第一筆五十萬美元的稅率等於平均總體經濟稅率的三〇％，那麼，最高級距納稅人的總稅率就是 $(2/3) \times 75 + (1/3) \times 30 = 60\%$。
10. Kiel and Eisinger (2018) 明文記載了二〇一〇年以後國稅局預算與強制執行活動遭架空的情況。
11. 例如請見 Kiel and Eisinger (2019).
12. Zucman (2015).
13. 以目前的美國法律來說，當資產被移轉給繼承人，就會以移轉時的現行價格來重設他們的購買價格。這項聲名狼藉的漏洞就是所謂的課稅基數遞增（stepped-up basis），它意味一般人只要持有資產到死亡的那一刻，就能規避資本利得稅。多數經濟學家都認同這是亟需填補的重要漏洞。
14. Zucman (2014).
15. 應歸屬非個人股東（例如退休金與基金會）的盈餘還是必須課徵企業稅。已實現資本利得將必須課徵累進所得稅，但基於後續說明的理由，這並不意味這些資本利得會被課兩次稅。在我們說明的那種合一租稅系統，保留盈餘還是會被視為股東的新投資，因此將之列入股東的持股基準（stock basis）（一如當今美國對小型企業的做法）。於是，資本利得就不包含保留盈餘，只反映純資產價格增值。
16. 我們假設頂層一％民眾和「一減去邊際稅率」有關所得的彈性是〇．二五。在當前的系統之下，頂層一％民眾平均繳納三〇％的稅率，平均面臨三五％的邊際稅率。一旦將邊際稅率改為七五％，將使頂層一％民眾的稅前所得降為原來的 $((1 - 0.75) / (1 - 0.35))0.25 = 79\%$。所以頂層一％民眾的所得占比將降到二〇％＊七九％＝一五．八％。
17. 我們在 Saez and Zucman (2019b) 更詳細討論了美國實施累進財富稅制的前景。
18. 一九五〇年代至一九七〇年代，美國的財富集中度降至歷史低檔。累進財富稅的提案通常是在財富集中度上升的實證分析發表後才會被提出。沃夫（Wolff）在研究過一九八〇年代美國財富不平等惡化的情況後（Wolff, 1995），提議（一九九六）實施累進式財富稅（但他提議課徵的稅率不高）。近幾年，Piketty (2014) 眼見全球財富集中度上升，提議課徵五％至一〇％的全球累進財富稅。Piketty (2019) 建議針對身價數十至數百億美元的富人實施最高九〇%的財富稅，為培育每一位年輕人的資本秉賦（capital endowment）籌措財源。

19. Rosenthal and Austin (2016).

20. Meyer and Hume (2015).
對較小型的公司行號（如單一股東的傳統企業）來說，最簡單的推動方式是依循最佳國際慣例。瑞士已成功利用公式，對小型單一股東的民間公司行號的股權課稅，這個公式是以公司行號的資產帳面價值與盈餘倍數為基礎。以美國來說，國稅局已基於課徵執行業務所得稅與企業所得稅的目的，蒐集民間公司行號的資產與盈餘數據，所以，它應該能直接應用相似的公式。

第八章

1. 評論家經常只利用物價通貨膨脹調整來換算級距，完全沒有將經濟成長計入。由於當時的實質所得遠低於目前，所以那時的租稅負擔也遭到誇大。
2. 請見美國財政部國稅局 (1962), p. 32.
3. Madison (1792).
4. Madison (1795).
5. Piketty, Saez, and Stantcheva (2014) 根據這些原則開發了一個租稅模型。他們發現，若極高的最高稅率能減少最高所得者的抽租行徑，那麼，超越拉弗爾曲線的那種近乎充公的最高稅率是符合理想的。他們利用國際上有關企業執行長薪酬的證據，說明實際上極高的最高稅率是促使企業最高主管薪酬趨於中庸的重要作用力。
6. Piketty, Saez, and Zucman (2018) 提出了美國分配國民會計帳，而 Alvaredo et al. (2016) 提出了一般方法論。美國戶口普查局和經濟合作暨發展組織，也朝這個方向為美國與歐洲國家研擬了多項創議。（Fixler and Johnson 2014; Zwijnenburg et al. 2017）。
7. Garbinti, Goupille- Lebret, and Piketty (2018).
8. College Board (2019).
9. Feldstein (2017).
10. Gates (2013).
11. Aeppel (2015).
12. Mouton (2018).
13. Chetty et al. (2017).
14. 經濟合作暨發展組織 2018b。

15. 請見 OECD 健康統計（經濟合作暨發展組織 2019c）。Case and Deaton (2015) 明文記錄了這些死亡率趨勢，並說明美國死亡率的上升集中在無大學學歷的中年白人族群。他們說明，死亡率的上升可局部以「絕望而死」來解釋：貧窮的經濟前景促使他們濫用藥物或酗酒，甚至自殺。

16. Saez and Zucman (2019b) 就本處討論的財富稅計算提供了所有細節。

第九章

1. Kuziemko et al. (2015) 說明，在美國，即使處於高度不平等的大環境，當民眾不信任政府，一般大眾更不支持財富重分配。

2. 非常大量的實證研究顯示，公共健康保險能挽救性命（雖然難以精確量化）；例如請見 Card, Dobkin, and Maestas (2009)。

3. 請見 OECD 健康統計 (Organisation for Economic Co- operation and Development 2019c).

4. 談到低租稅的先進經濟體時，新加坡是常被舉例的國家之一。二〇一六年，新加坡租稅相當於 GDP 的比率僅一三．五％。但這有點令人誤解，因為新加坡強制從勞工薪資所得提撥很多健康與退休津貼以及教育費，該提撥款稱為中央公積金（Central Provident Fund，www.cpf .gov .sg），實質上那等同薪資稅。提撥比率非常高，以非老年勞工來說，員工與雇主共計需提撥薪資所得的三七％到公積金。（請見經濟合作暨發展組織，2019d，全球租稅統計資料庫）

5. 請見 OECD 有關 OECD 國家公共與民間教育基金相對 GDP 之水準的統計數據。（Organisation for Economic Cooperation and Development, Revenue Statistics, 2019e）

6. 有關不同性別與族群的大學畢業比率，請見 Goldin, Katz, and Kuziemko (2006)；有關性別不一致的分析，請見 Blau, Ferber, and Winkler (2014)；有關各國的「子女懲罰」（child penalties）估計值，請見 Kleven et al. (2019)。

7. See Gallup surveys (Witters, 2019).

8. 法國便是如此，例如它的社會普攤稅（Contribution Sociale Generalisee，請見 Landais, Piketty, and Saez, 2011）。

9. 有關增值稅的詳盡歷史，請見 Ebrill, Keen, and Perry (2001)。

10. 周轉稅是針對公司行號的銷貨收入毛額課徵的稅，包括對最終消費者或對另一家公司行號的銷貨收入。美國有些州目前還採用這種周轉稅。（請見 Watson, 2019）。

11. 小馬丁．路德．金恩在他的「來自伯明罕監獄的信」中，引用了「遲來的正義不是正義」名句，這封信是一九六三年從監獄被夾帶出來。

12. Bakija, Cole, and Heim (2012).

13. 經濟合作暨發展組織，收入統計 (2018c), 表 3.14.

14. Hall and Rabushka (1985) 提議「單一稅」，Viard and Carroll (2012) 發表一篇說明各種不同消費稅提案的報告。他們清楚點出，偽裝成所得稅的單一稅提案很難說服大眾，因為這些稅賦將是免除利息所得、股利所得以實現資本利得稅的「所得稅」——換言之，它免除高度集中於有錢人那些所得的稅賦。

15. 請見美國商務部經濟分析局，美國國民所得與生產帳（2019），表 7-14，7-16 與 7-18。二〇一五年短報的所得是：工資所得八百六十二億美元，非股份有限公司業務所得六千七百二十億美元，股份有限公司盈餘三千六百七十億美元。二〇一五年的總額為一兆一千兩百五十億美元，或約國民所得的七．二％。完整細節請詳 Saez andZucman (2019c)。

16. Chetty, Friedman et al. (2017) 依據家庭所得高低，分析了大學入學狀況。他們說明，二十二歲年輕人就讀大學的可能性，與雙親的所得百分位呈線性相關，那個年齡的年輕人就讀大學的比率，從底層所得族群的三二％，到頂層所得族群的九五％（附錄，圖 I）。較富裕的孩子念的大學也比貧窮孩子念的大學更好。

結論

1. 政府機關也有租稅模擬器，包括國會預算辦公室、美國財政部與稅務聯合委員會，還有諸如租稅政策中心等智庫。這些工具記錄了稅法的逐條細節，所以能精準模擬聯邦立法變革後的狀況，不過，一般大眾無從使用這些模擬器。相較之下，任何人都能取用我們的工具，而且我們的工具聚焦在租稅與不平等之間的交互作用。若能將官方與我們的這兩套方法結合在一起，將更意義非凡，而我們希望將來能對此做出貢獻。

不公不義的勝利

如何扭轉貧富不均？資本主義與租稅正義的民主激辯

The Triumph of Injustice
How the Rich Dodge Taxes and How to Make Them Pay

作者：伊曼紐爾・賽斯（Emmanuel Saez）、加柏列・祖克曼（Gabriel Zucman）｜譯者：陳儀｜總編輯：富察｜主編：鍾涵瀞｜編輯協力：徐育婷、魏秋綢｜企劃：蔡慧華｜視覺設計：Bert.design、吳靜雯｜印務經理：黃禮賢｜社長：郭重興｜發行人兼出版總監：曾大福｜出版發行：八旗文化／遠足文化事業股份有限公司｜地址：23141 新北市新店區民權路108-2號9樓｜電話：02-2218-1417｜傳真：02-8667-1851｜客服專線：0800-221-029｜信箱：gusa0601@gmail.com｜臉書：facebook.com/gusapublishing｜法律顧問：華洋法律事務所 蘇文生律師｜｜印刷：呈靖彩藝有限公司｜出版日期：2020年6月／初版一刷｜定價：480元

國家圖書館出版品預行編目(CIP)資料

不公不義的勝利：如何扭轉貧富不均？資本主義與租稅正義的民主激辯 / 伊曼紐爾・賽斯(Emmanuel Saez), 加柏列・祖克曼(Gabriel Zucman)著；陳儀翻譯. -- 初版. -- 新北市：八旗文化出版：遠足文化發行, 2020.06
332面；14.8×21公分

譯自：The triumph of injustice : how the rich dodge taxes and how to make them pay

ISBN 978-986-5524-13-5(平裝)

1.稅務政策 2.租稅 3.節稅 4.美國

567.952　　109006741